JN438229

진각국사(眞覺國師)

오로지 정법만을 깨닫기 서원합니다.

입을 열면 정법만을 설하기 서원합니다.

중생이 다하는 그날까지 교화하기 서원합니다.

—대원 문재현 전법선사의 3대 서원

* 보봉사(寶峰寺) 방장 승혜 스님과의 법거량

대원선사 : 선(禪)을 말하라 하면 뭐라고 말하겠습니까?

승혜스님 : 선은 말할 필요가 없습니다. 말하면 선이 아닙니다.

대원선사 : 만약에 나에게 어떤 것이 선이냐고 묻는다면

"어떤 것이 선이 아니더냐."라고 이를 것입니다.

2차 중국 선종사찰 법거량 주유중 보봉사 방장 승혜 스님과 법거량 후 기념촬영

보봉사에서 대중들과 기념촬영

바로보인 선문염송 9

'바로보인 출판사'는 대한불교 육조정맥전승종에서 운영하고 있습니다.
대한불교 육조정맥전승종 산하 선원은 아래와 같습니다.

삼원 국제선원 487-832, 경기도 포천시 내촌면 음현리 140번지
(포천 본원) 전화 031-531-8805

광주 삼원선원 506-453, 광주광역시 광산구 오운동 115-3
전화 062-944-4088

서울 삼원선원 151-802, 서울특별시 관악구 남현동 1056-1 에스파빌딩 3층
전화 02-597-2460, 02-522-0122 전송 02-597-2460

부산 삼원선원 612-080, 부산광역시 해운대구 반송동 872 삼한그린타운 2차 208동 402호
전화 051-545-2460

바로보인 불법 ⑩
바로보인 선문염송(禪門拈頌) 9

초판 1쇄 박은날 단기 4339년, 불기 3033년, 서기 2006년 10월 10일
초판 1쇄 펴낸날 단기 4339년, 불기 3033년, 서기 2006년 10월 25일

역 저 대원 문재현 선사
펴 낸 곳 도서출판 바로보인
151-802, 서울특별시 관악구 남현동 1056-1 에스파빌딩 3층
전화 02-597-2460, 02-522-0122 팩스 02-597-2460
등록번호 1993.10.20. 제15-169호

편집·윤문 윤주영
제작·교정 정행태, 윤인선
인 쇄 광성문화사
제 본 성문제책사

값 15,000원

ISBN 89-86214-30-X 04220
ISBN 89-86214-21-0 (전30권)

불조 법계보(佛祖 法系譜)

인 도

종조 석가모니 (宗祖 釋迦牟尼)
1 조 마하가섭 (摩訶迦葉)
2 조 아난타 (阿難陀)
3 조 상나화수 (商那和脩)
4 조 우바국다 (優波毱多)
5 조 제다가 (堤多迦)
6 조 미차가 (彌遮迦)
7 조 바수밀 (婆須密)
8 조 불타난제 (佛陀難堤)
9 조 복타밀다 (伏馱密多)
10조 파율습박 (波栗濕縛)
11조 부나야사 (富那夜奢)
12조 아나보리 (阿那菩堤)
13조 가비마라 (迦毗摩羅)
14조 나알라수나 (那閼羅樹那)

15조 가나제파 (迦那堤波)
16조 라후라타 (羅睺羅陀)
17조 승가난제 (僧伽難提)
18조 가야사다 (迦耶舍多)
19조 구마라다 (鳩摩羅多)
20조 사야다 (闍夜多)
21조 파수반두 (婆修盤頭)
22조 마노라 (摩拏羅)
23조 학륵나 (鶴勒那)
24조 사자보리 (師子菩提)
25조 파사사다 (婆舍斯多)
26조 불여밀다 (不如密多)
27조 반야다라 (般若多羅)
28조 보리달마 (菩提達磨)

중 국

29조 이조 혜가 (2 조 慧可)
30조 삼조 승찬 (3 조 僧璨)
31조 사조 도신 (4 조 道信)
32조 오조 홍인 (5 조 弘忍)

33조 육조 혜능 (6 조 慧能)
34조 남악 회양 (7 조 南嶽 懷讓)
35조 마조 도일 (8 조 馬祖 道一)
36조 백장 회해 (9 조 百丈 懷海)
37조 황벽 희운 (10조 黃蘗 希雲)
38조 임제 의현 (11조 臨濟 義玄)
39조 흥화 존장 (12조 興化 存奬)
40조 남원 혜옹 (13조 南院 慧顒)
41조 풍혈 연소 (14조 風穴 延沼)
42조 수산 성념 (15조 首山 省念)
43조 태자 원선 (16조 太子 院善)
44조 자명 초원 (17조 慈明 楚圓)
45조 양기 방회 (18조 楊岐 方會)
46조 백운 수단 (19조 白雲 守端)
47조 오조 법연 (20조 五祖 法演)
48조 원오 극근 (21조 圜悟 克勤)
49조 허구 소륭 (22조 虛丘 紹隆)
50조 응암 담화 (23조 應庵 曇華)
51조 밀암 함걸 (24조 密庵 咸傑)
52조 파암 조선 (25조 破庵 祖先)
53조 무준 사범 (26조 無準 師範)
54조 설암 혜랑 (27조 雪岩 慧郎)
55조 급암 종신 (28조 及庵 宗信)
56조 석옥 청공 (29조 石屋 淸珙)

한 국

57조 태고 보우 (1 조 太古 普愚)
58조 환암 혼수 (2 조 幻庵 混脩)
59조 구곡 각운 (3 조 龜谷 覺雲)
60조 벽계 정심 (4 조 碧溪 淨心)
61조 벽송 지엄 (5 조 碧松 智儼)
62조 부용 영관 (6 조 芙蓉 靈觀)
63조 청허 휴정 (7 조 淸虛 休靜)
64조 편양 언기 (8 조 鞭羊 彦機)
65조 풍담 의심 (9 조 楓潭 義諶)
66조 월담 설제 (10조 月潭 雪霽)
67조 환성 지안 (11조 喚醒 志安)
68조 호암 체정 (12조 虎巖 體淨)
69조 청봉 거안 (13조 靑峰 巨岸)
70조 율봉 청고 (14조 栗峰 靑杲)
71조 금허 법첨 (15조 錦虛 法沾)
72조 용암 혜언 (16조 龍巖 慧言)
73조 영월 봉율 (17조 詠月 奉律)
74조 만화 보선 (18조 萬化 普善)
75조 경허 성우 (19조 鏡虛 惺牛)
76조 만공 월면 (20조 滿空 月面)
77조 전강 영신 (21조 田岡 永信)
78대 대원 문재현 (22대 大圓 文載賢)

대원 문재현 선사님 인가 내역

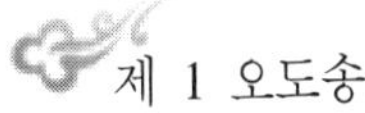

제 1 오도송

이 몸을 끄는 놈 이 무슨 물건인가?
골똘히 생각한 지 서너 해 되던 때에
쉬이하고 불어온 솔바람 한 소리에
홀연히 대장부의 큰 일을 마치었네

무엇이 하늘이고 무엇이 땅이런가
이 몸이 청정하여 이러-히 가없어라
안팎 중간 없는 데서 이러-히 응하니
취하고 버림이란 애당초 없다네

하루 온종일 시간이 다하도록
헤아리고 분별한 그 모든 생각들이
옛 부처 낳기 전의 오묘한 소식임을
듣고서 의심 않고 믿을 이 누구인가!

此身運轉是何物
疑端泊沒三夏來
松頭吹風其一聲
忽然大事一時了

何謂靑天何謂地
當體淸淨無邊外
無內外中應如是
小分取捨全然無

一日於十有二時
悉皆思量之分別
古佛未生前消息
聞者卽信不疑誰

대원 문재현 선사님의 스승이신 전강(田岡) 대선사님께서 1961년 대구 동화사의 조실로 계실 당시 대원 문재현 선사님께서도 동화사에 함께 머무르고 계셨다.

하루는, 전강 대선사님께서 대원 선사님의 3연으로 되어 있는 제1오도송을 드시어 깨달은 바는 분명하나 대개 오도송은 짧게 짓는다고 말씀하셨다. 이에 대원 선사님께서는 제1오도송을 읊은 뒤, 도솔암을 떠나 김제들을 지나다가 석양의 해와 달을 보고 문득 읊으셨던 제2오도송을 일러드렸다.

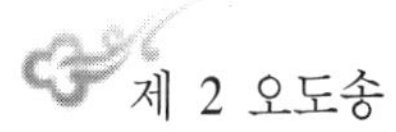

제 2 오도송

해는 서산 달은 동산 덩실하게 얹혀 있고
김제의 평야에는 가을빛이 가득하네
대천이란 이름자도 서지를 못하는데
석양의 마을길엔 사람들 오고 가네

日月兩嶺載同模
金提平野滿秋色
不立大千之名字
夕陽道路人去來

제2오도송을 들으신 전강 대선사님께서는 이에 그치지 않고 그와 같은 경지를 담은 게송을 이 자리에서 즉시 한 수 지어볼 수 있겠냐고 하셨다. 이에 대원 선사님께서는 곧바로 다음과 같이 읊으셨다.

바위 위에는 솔바람이 있고
산 아래에는 황조가 날도다
대천도 흔적조차 없는데
달밤에 원숭이가 어지러이 우는구나

岩上在松風
山下飛黃鳥
大千無痕迹
月夜亂猿啼

전강 대선사님께서는 위 송의 앞의 두 구를 들으실 때만 해도 지긋이 눈을 감고만 계시다가 뒤의 두 구를 마저 채우자 문득 눈을 뜨시고 기뻐하시는 빛이 역력하셨다.

그러나 전강 대선사님께서는 여기에서도 그치지 않고 다시 한 번 물으셨다.

"대중들이 자네를 산으로 불러내고 그 중에 법성이 달마불식도리를 일러보라 했을 때 '드러났다'고 답했다는데, 만약에 자네가 당시의 양무제였다면 '모르오'라고 이르고 있는 달마 대사에게 어떻게 했겠는가?"

대원 선사님께서 답하셨다.

"제가 양무제였다면 '성인이라 함도 서지 못하나 이러-히 짐의 덕화와 함께 어우러짐이 더욱 좋지 않겠습니까?' 하며 달마 대사의 손을 잡아 일으켰을 것입니다."

전강 대선사님께서 탄복하시며 말씀하셨다.

"어느 새 그 경지에 이르렀는가?"

"이르렀다곤들 어찌 하며, 갖추었다곤들 어찌 하며, 본래라곤들 어찌 하리까? 오직 이러-할 뿐인데 말입니다."

대원 선사님께서 연이어 말씀하시자 전강 대선사님께서 이에 환희하시니 두 분이 어우러진 자리가 백아가 종자기를 만난 듯, 고수 명창 어울리듯 화기애애하셨다.

달마불식 공안에 대한 위의 문답은 내력이 있는 것이다. 전강 대선사님께서 대원 선사님을 부르기 며칠 전에, 저녁 입선 시간 중에 노장님 몇 분만이 자리에 앉아있을 뿐 자리가 텅텅 비어 있었다고 한다.

대원 선사님께서 이상히 여기고 있던 중, 밖에서 한 젊은 수좌가 대원 선사님을 불렀다. 그 수좌의 말이 스님들이 모두 윗산에 모여 기다리고 있으니 가자고 하기에 무슨 일인가 하고 따라가셨다.

그러자 그 자리에 있던 법성 스님(향곡 스님 법제자인 진제 스님)이 보자마자 달마불식 법문을 들고 이르라고 하기에 지체없이 답하셨다.

"드러났다."

곁에 계시던 송암 스님께서 또 안수정등 법문을 들고 물으셨다.

"여기서 어떻게 살아나겠소?"

대뜸 큰소리로 이르셨다.

"안·수·정·등."

이에 좌우에 모인 스님들이 함구무언(緘口無言)인지라 대원 선사님께서는 먼저 그 자리를 떠나 내려와 버리셨다.

그 다음날 입승인 명허 스님께서 아침 공양이 끝난 자리에서 지난 밤 입선시간 중에 무단으로 자리를 비운 까닭을 묻는 대중 공사를 붙여 산 중에서 있었던 일들이 낱낱이 드러나고 말았다. 그리하여 입선시간 중에 자리를 비운 스님들은 가사 장삼을 수하고 조실인 전강 대선사께 참회의 절을 했던 일이 있었다.

전강 대선사님께서는 이때에 대원 선사님께서 달마불식도리에 대해 일렀던 경지를 점검하셨던 것이다.

이런 철저한 검증의 자리가 있었던 다음 날, 전강 대선사님께서 부르시기에 대원 선사님께서 가보니 주지인 월산 스님께서 모든 것이 약조된 데에서 입회해 계셨으며 전강 대선사님께서는 곧바로 다음과 같이 전법게를 전해 주셨다.

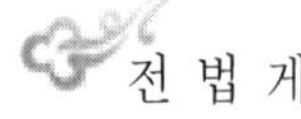

전 법 게

부처와 조사도 일찍이 전한 것이 아니거늘
나 또한 어찌 받았다 하며 준다 할 것인가
이 법이 2천년대에 이르러서
널리 천하 사람을 제도하리라

佛祖未曾傳
我亦何受授
此法二千年
廣度天下人

덧붙여 이 일은 월산 스님이 증인이며 2000년까지 세 사람 모두 절대 다른 사람이 알게 하거나 눈에 띄게 하지 않아야 한다고 당부하셨다.

만약 그러지 않을 시에는 대원 선사님께서 법을 펴 나가는데 장애가 있을 것이라고 예언하셨다. 또한 각별히 신변을 조심하라 하시고 월산 스님에게 명령해 대원 선사님을 보현사 포교당에 내려가 교화에 힘쓰게 하셨다.

전강 대선사님께서는 미리 적어두셨던 송별송을 주셨으니 다음과 같다.

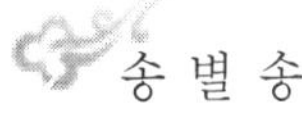

송 별 송

어상을 내리지 않고 이러-히 대한다 함이여
뒷날 돌아이가 구멍 없는 피리를 불리니
이로부터 불법이 천하에 가득하리라

不下御床對如是
後日石兒吹無孔
自此佛法滿天下

위의 송의 '어상을 내리지 않고 이러-히 대한다 함이여'라는 첫째 줄 역시 내력이 있는 구절이다.

전에 대원 선사님께서 전강 대선사님을 군산 은적사에서 모시고 계실 당시 마당에서 홀연히 마주쳤을 때 다음과 같은 문답이 있었다.

전강 대선사님께서 물으셨다.

"공적(空寂)에 영지(靈智)를 이르게."

대원 선사님께서 대답하셨다.

"이러-히 스님과 대담(對談)합니다."

"영지에 공적을 이르게."

"스님과의 대담에 이러-합니다."

"어떤 것이 이러-히 대담하는 경지인가?"

"명왕(明王)은 어상(御床)을 내리지 않고 천하 일에 밝습니다."

위와 같은 문답 중에 대원 선사님께서 답하신 경지를 송별송의 첫째 줄에 담으신 것이다.

전강 대선사님께서 대원 선사님을 인가하신 과정을 볼 때 한 번, 두 번, 세 번을 확인하여 철저히 점검하신 명안종사의 안목에 탄복하지 않을 수 없으며 이에 끝까지 1초의 머뭇거림 없이 명철하셨던 대원 선사님께 찬탄하지 않을 수 없다.

그리하여 법열로 어우러진 두 분의 자리가 재현된 듯 함께 환희용약하지 않을 수 없다.

이제 전강 대선사님과 약속한 2천년대를 맞이하였으므로 여기에 전법게를 밝히게 되었다.

바로보인 불법 ⑩

바로보인 선문염송(禪門拈頌)

9

대원 문재현 선사 역저

책을 내면서

『선문염송(禪門拈頌)』은 『전등록(傳燈錄)』과 더불어 세계 최대의 공안집(公案集)이다. 중국에서 출간된 『경덕전등록(景德傳燈錄)』 전30권에는 1,712명의 선사님들이 실려 있는데 이 중 954인의 어록이 실려 있고, 나머지 758인은 이름만 실려 있다.

그런데 선사님 한 분의 어록 안에 여러 공안이 실려 있으므로 전체 공안의 수는 책에 실린 선사님의 수보다 훨씬 많다고 할 것이다.

『선문염송』 역시 본 공안만 해도 1,454칙으로 이루어져 있다. 게다가 각 공안마다 많게는 수십 분, 적게는 한두 분 선사님의 법문과 송(頌)이 딸려 있고, 각 법문과 송에 또한 많은 공안도리가 숨어 있으니 그것들을 다 든다면 만 여 공안이 넘어 오히려 『전등록』의 공안 수를 훨씬 웃돌 것이라고 본다.

이러한 보배 중의 보배가 설두(雪竇) 선사님의 후신이라고 일컬어지는 고려 진각(眞覺) 국사님에 의해 완성되어 우리나라에서 초유로 간행되었으니 자랑스러운 일이라 아니할 수 없다.

『선문염송』을 보며 석가모니 부처님께서 병에 따라 약을 주시듯 근기에 따라 갖은 방편을 다하여 자유자재 수행인을 제접하신 바가 참으로 희유한 법인 공안도리를 이루게 되었다는 것에서 새삼 경외감을 느꼈다. 또한 설두 선사와 진각 국사 두 몸에 걸쳐 끝내 이 공안집의 완성을 이루신 그 서원에 감동하였다.

그러하니 혼자 몸으로 이 『선문염송』의 전 공안을 번역하고 평하여 바로 보이신 스승님의 지혜와 자비, 원력에 어찌 찬탄의 말씀을 드리지 않을 수 있을까.

『선문염송』은 앞에서도 이야기했듯 우선 본칙부터 전 공안을 망라하다시피 한 방대한 양이며 이에 대해 많은 선사님들의 법문까지 결집해 놓은 터라 부처님으로부터 각 선사님들의 법 쓰시는 바를 손바닥 들여다보듯 하지 않고는 제대로 번역할 수가 없다.

그러므로 이것은 번역이 아니라 다시금 보이셨다는 말이 걸맞을 것이다.

'양구(良久)'라는 한 마디도 어떻게 번역하느냐에 따라 수행인이 더욱 분명히 공안을 참구하는 계기가 되는 것이다. 선사님들이 말없이 계시는 내역을 바로 짚기란 여간 어려운 것이 아닌데 스승님께서는 이를 의로(意路)에 따라 읽어내어 '잠잠히 있다가' 혹은 '말없이 보이다가'로 번역하셨다.

또한 양구의 내역뿐 아니라 법문의 어디에 선사님들의 참 의중인 공안이 숨어있는가를 고스란히 드러내어 그 공안을 바로 참구할 수 있게끔 번역하셨으니 공안참구의 길잡이 역할을 하셨다는 것을 독자들은 바로 알아차릴 수 있을 것이다.

게다가 난해하기로 유명한 『선문염송』, 어떤 선사도 감히 전 공안에 대해 입을 벌리지는 못했는데 스승님께서는 최초로 전 공안에 취모검 휘두르기를 두려워하지 않으셨다.

한 마디로 일체종지를 통달한 이가 아니고는 애시당초 엄두도 내지 못할 일을 거침없이 각 칙마다 일러가셨으니 그 통달한 지혜에 누군들 탄복하지 않을 수 있을까.

더불어 평생에 걸쳐서라도 이 공안집 30권을 바로 보이시겠다는 스승님의 원력과 노고를 잊을 수가 없다. 당신이 아니면 할 수 없는 일이라는 사명감에 국제선원을 짓는 불사와 전국의 제자를 가르치는 와중에도 1992년도부터 9년째 『선문염송』 작업을 놓지 않으셨다.

지금도 눈에 환히 떠오르는 것은 주말마다 선원에 가면 밤늦게까지 불켜진 스승님의 방, 방문을 열면 책상 앞에서 『선문염송』 작업을 하다가 고개를 들어 웃어주시며 피곤한 눈가에 맺힌 눈물을 닦아내시던 스승님의 모습이다.

하루에도 여러 번 불사현장을 오가느라 지친 몸에도 작업을 보면 떨치고 일어나 앉으셨다. 그때마다 얼마나 죄스럽고 안타까운 마음이었던가.

『바로보인 전등록』 전 30권의 완역과 더불어 이 『바로보인 선문염송』 30권의 역저로 스승님의 번개 같은 지혜와 후학자를 위한 자비의 빛이 제불보살님, 뭇 선사님들의 광휘와 더불어 스러지지 않을 것을 믿는다.

『선문염송』 30권 중 1권은 대부분 석가모니 부처님께서 보이신 공안으로 이루어져 있다. 당시에 이러한 공안도리로써 제접하셨다니 부처님께서는 시공을 초월한 분이란 것을 증명한 대목이라 아니할 수 없다.

그럼에도 불구하고 공안도리가 마치 석가모니 부처님 당대에는 없었던 조사님들만의 특별한 법인 양 말씀하시는 분들이 많은 것이 안타깝다.

조사님들이 최상승인 조사선 도리로 제창하셨다 하나 부처님과 비교하는 것은 당초에 어리석은 논의라고 본다.

부처님께서 영산회상에서 꽃 들어 보인 소식 하나만 보더라도 그러하다. 여기 어찌 조사선, 여래선을 논하랴.

꽃 들어 보임에 온통 법계라
가섭이 미소지음 흔연히 나뉨없어
이 소식 알런가
덩실 덩실 더덩실

진성(眞性) 윤주영(尹柱瑛)

서 문

말세가 되어 마(魔)는 강해지고 법(法)은 쇠약해져 사법(邪法)을 추구하는 사람들이 늘어나면서 사법이 무성해지고 세상이 혼란해지니 그 어느 때보다도 정법(正法)이 요구되는 시점이다. 그래서 미력하나마 감히 어둠을 밝히는 등불이 되기를 결심한 터였다.

그런데 부산에 사는 하목원님이 염송번역 본문 두어 권을 가지고 와서 '내가 보아도 번역을 이렇게 해서 되겠나 하는 대목이 많아서 가져왔습니다. 아무리 교화에 바쁘시더라도 스승님께서 틈을 내셔서 번역을 하셔야 되겠습니다.'라고 간곡히 청하여 『선문염송』 번역에 착수하게 되었다.

부처님과 조사님들의 가르침은 오직 깨달음에 뜻이 있다. 그 가르침의 진수만을 진각 국사께서 가려 결집해 놓은 것이 바로 『선문염송』이다. 이 주옥 같은 공안들을 누구나 볼 수 있어야 하는데 한문 원본으로 있거나 부처님들과 조사님들의 근본 뜻과는 먼 번역본들 뿐이니 어떠한 일이 있어도 금생에 완역을 하여 불조의 뜻을 바로 보게 하겠다는 맹세를 스스로 하게 되었다.

그러나 막상 번역에 착수하고 보니 오자는 아님에도 여러 본을 구해놓고 보아도 뜻이 통하지 않는 대문이 많았다. 그럴 때마다 국내 대형 서점을 돌아다니며 옛 한자사전 또는 대형 한자사전을 구해서 조사님 당대에는 그 글자가 어떠한 뜻으로 쓰였는가를 찾고, 그것이 위아래 뜻에 통하는가 관조하여 불조(佛祖)의 본 뜻에 어긋나지 않는 번역이 되도록 최선을 다하였다.

그러나 혹 미비한 점이 있다면 강호제현님들의 명안책언(明眼嘖言)이 있기를 바란다.

이 책이 나오기까지 편집·윤문에 진성 윤주영, 제작·교정에 도명 정행태, 진연 윤인선 본연님이 수고한 바에 깊이 감사한다. 또한 이 책을 보는 이들 모두가 성불(成佛)로 회향(回向)되기만을 빈다.

어떻게 회향할 것인가?

옥녀봉 위 흰구름 한가롭고
광암의 저수지 짙푸르다
진연아, 차 한 잔 내오렴

단기(檀紀) 4333년

불기(佛紀) 3027년

서기(西紀) 2000년

무등산인 대원 문재현
(無等山人 大圓 文載賢)

차 례

일러두기

1. 장설봉(張雪峰) 선사님께서 현토한 본을 가지고 번역하되 뜻이 통하지 않는 곳은 동국대 역경원본, 백봉(白峯) 거사본을 모두 참고하여 오자가 없고 본 공안 이치에 어김이 없도록 최선을 다하였다.

2. 위와 같이 여러 본을 두루 살펴보아도 뜻이 통하지 않는 경우에는 그 조사(祖師) 당시에 그 글자가 어떤 뜻으로 쓰였는지 옛 한자 사전을 찾아 번역하였다.

3. 『바로보인 선문염송』 1권을 법문의 핵심인 공안도리를 바로 보아 참구할 수 있도록 편집하였다. 그러나 2권부터는 공안도리를 참구할 부분을 특별히 표시하지 않았다. 1권에 의거해 능히 참구해 갈 수 있을 것이기 때문이다.

4. 각 칙마다 역저자인 대원 문재현 선사님의 도움말과 시송을 더하여 공안의 본 뜻을 들추어내 놓았다.

5. 각 칙의 제목은 부득이한 몇몇 경우를 제외하고는 줄거리나 그 주제를 제목으로 삼은 것이 아니라 각 칙의 핵심을 이루는 공안도리를 제목으로 삼았다.

320칙 풀을 깎아 주십시오

 본 칙

단하 천연 선사가 처음에 마조 선사를 뵙고 양 손으로 복두건을 벗으니, 마조 선사가 말하였다.

"나는 그대의 스승이 아니다. 남악산의 석두 선사를 찾아가라."

단하 선사가 석두 선사에게 가서 전과 같이 복두건을 벗으니, 석두 선사가 말하였다.

"방앗간에나 가 있거라."

단하 선사가 행자 생활을 하던 어느 날, 석두 선사가 대중에게 말하였다.

"오늘 공양 끝에 대중 울력으로 불전 앞의 풀을 깎게 하리라."

대중이 앞을 다투어 호미와 가래를 가지고 나섰는데, 단하 선사만은 머리를 감은 뒤, 머리 깎는 칼을 받들고 석두 선사의 앞에 꿇어앉았다.

석두 선사가 말하였다.

"무엇하는 짓인가?"

단하 선사가 말하였다.

"스님께서 풀을 깎아 주십시오."

석두 선사가 웃으면서 머리를 깎아 주었다.

이름을 불러 계를 주려 하자, 단하 선사는 귀를 막고 가버렸다.

그 길로 다시 강서 마조원으로 되돌아가서 성승의 목에 올라탔다. 대중이 놀라 마조 선사에게 아뢰자, 마조 선사가 직접 나와서 보고 말하였다.

"나의 아들아, 천연하구나."

단하 선사는 곧 내려와 절을 하고 말하였다.

"스님께서 이름을 지어주시니 고맙습니다."

마조 선사가 물었다.

"어디를 갔다 왔는가?"

단하 선사가 말하였다.

"석두에 갔다 왔습니다."

마조 선사가 다시 물었다.

"석두로 가는 길은 미끄러운데 넘어지지는 않았는가?"

단하 선사가 대답하였다.

"미끄러져 넘어졌다면 오지 못했을 것입니다."

丹霞天然禪師 初見馬祖 以兩手 托幞頭 祖云 吾非汝師 南岳石頭處去 師遂至石頭 如前托幞頭 石頭云 着槽檄去 師依童行次 一日頭 謂

衆曰 今日齊後 普請 剗佛殿前草 衆 競具鋤鍬 師 獨洗頭捧剃刀 於石頭前胡跪 頭云 作什麼 師云 請師剗草 頭笑爲剃髮 呼與授戒 師掩耳而去 却廻江西馬祖院 騎聖僧項 衆 驚報馬祖 祖親來見 乃云 我子天然 師遂作禮云 謝師安名 祖問甚處來 師云 石頭來 祖云 石頭路滑子莫曾蹉倒麼 師云 若蹉倒則不來也

원오근 선사 송

하나를 물으면 열을 대답하고
가는 것을 말하면 오는 것까지 알았네
용이 달리고 범이 뛰며
옥이 구르고, 구슬이 구르듯하네
드는 것 보자마자 본바탕에 분명함이여
머리 깎자 곧 떠나니 얼마나 준수한가
풀 깎아달란 말부터 기발하고 뛰어나며
이름 지어 주셨다 함, 특별히 우뚝하다
두 늙은이 검고 누름, 대충은 알기에
천리마의 골격임을 가려볼 줄 알았다네
참다운 법도로 언제나 엄연하니
목전에서 마주 보자 고준하게 제접했네
한번 들자 구름에 올라서
바람과 햇빛을 유혹하듯 하였네

圜悟勤 頌
問一答十
告往知來

龍馳虎驟

玉轉珠迴

聊聞擧着已瞥地

剔起便行何俊哉

刻草固奇崛

安名尤突兀

二老略玄黃

賞玆千里骨

眞規鎭儼然

覿面看標格

騰雲一擧迷風日

열재 거사 송

절벽에는 이끼 푸르고, 자물쇠 열리잖네
행인들은 석두에 못 이르고 돌아가네
한 가닥 지름길이 있다고도 하지 말라
화노[1]를 불러다가 밥이나 먹여라

悅齋居士 頌
斷壑蒼苔鎖不開
行人不到石頭迴
一條徑路都休說
呼取花奴喫飯來

1) 화노(花奴) : 어떤 스님이 이류행(異類行)을 물으니 선사께서 밥그릇을 두드리며 "화노야, 화노야. 밥 먹으러 오너라." 하였다고 한다. 화노는 고양이의 별명이다.

 대원 문재현은 이 칙을 모두 듣고 나서 이르노라.

단하 선사를 두고 이러쿵저러쿵 칭찬들이지만 그럴 것도 없다네.

구름 위의 보름달이 내려다보고
광주호 밤고기가 뛰뛴다
봄밤의 꽃, 친구와 차 좋구나

321칙 목불을 태우다

 본 칙

단하 선사가 혜림사를 지나는데 큰 추위를 만났다. 이때 불전에 목불이 있는 것을 보자 가져다 불을 피웠다. 원주가 이를 보고 꾸짖으며 말하였다.

"어째서 목불을 태우는가?"

선사가 주장자로 재를 흩으면서 말하였다.

"나는 불에 태운 뒤에 사리를 얻으려고 하였소."

원주가 말하였다.

"목불에 무슨 사리가 있겠는가?"

선사가 말하였다.

"사리가 없다면 다시 양쪽의 부처님도 가져다 태워야겠소."

원주 스스로 그 뒤에 눈썹이 빠졌다고 한다.

丹霞 因過慧林寺 値凝寒 遂於殿中 見木佛 乃取燒火 院主偶見 呵責曰 何得燒我木佛 師以杖子撥灰云 吾燒取舍利 主曰 木佛 有何舍利 師云 旣無舍利 更請兩尊再取燒之 主自後眉鬚墮落

◌ 투자청 선사 송

묵은 바위에 이끼 끼고, 낡은 사립문 적막하게 닫혀있네
새는 놀라 나르고 길짐승 길을 잃고 헤매네
깊은 밤 차가운데 모래섬[2]을 태워서 사르니
새벽 때 놓친 어부 집에서 스스로 의심하기 바쁘구나

投子青 頌
古嵓苔閉冷侵扉
飛者驚危走者迷
夜深寒爇汀洲火
失曉漁家忙自疑

---

2) 모래섬 : 얕은 물 가운데 토사가 쌓여 섬처럼 드러난 곳.

곤산원 선사 송

부처의 몸 화함을 자세히 살펴보니
그 수효 많기가 먼지와도 같으나
참모습 깨닫지 못했을 때 거짓이니
수행이 과지[3]의 원인은 되지만
아무리 보배상에 기대어 있더라도
다시금 꽃수건마저 벗길 줄 알아야
뛰어난 단하 선사 노인과 더불어
걸맞는 이웃이 되리라

崑山元 頌
諦觀化佛身　其數若微塵
未了眞時僞　徒修果地因
雖知凭寶机　更悟解花巾
堪與丹霞老　依俙作近隣

3) 과지(果地) : 수행에 의해 얻은 과보로서의 깨달음의 지위. 수행에 의하여 깨닫는 결과를 얻은 지위.

☁ 숭승공 선사 송

단하가 목불에 불을 처음 붙였을 때
원주는 뇌수 찔러 아교그릇에 넣었네
동쪽 집에 초상나니 서쪽 집이 곡하고
남쪽 산의 소나기에 북쪽 산이 컴컴하네
안개·구름 흩어지니, 집집마다 달 밝고
눈·서리 녹으니, 곳곳에 봄빛일세
서로 봄에 일 없어 도라는 것마저 다했으나
옴 없이 영위하는 그대를 누가 알랴

崇勝珙 頌
丹霞木佛火初焚
院主剩頭入膠盆
東舍暴喪西舍哭
南山驟雨北山昏
煙雲散去家家月
霜雪消來處處春
盡道相見猶無事
誰知不來還憶君

◌ 육왕심 선사 송

시방의 부처님들 광채를 내뿜고
원주의 눈썹은 한 개도 없구나
평등한 것이거늘 누구에게 줄 것인가
납자들 제멋대로 앞다투게 하여라

育王諶 頌
十方諸佛放光明
院主眉鬚無一莖
平等拈來欲誰與
從教衲子競頭爭

☁ 심문분 선사 송

시골 절에 땔감 없어 목불 쪼개 불 땠는데
까닭 없이 그대의 두 눈썹이 빠졌다네
깊은 밤 심한 추위, 면함을 얻을 적에
벌써 평생의 높은 지혜 보였네

心聞賁 頌
村院無柴劈佛燒
無端汝自落眉毛
夜深免得遭寒凍
已見平生作略高

☁ 자항박 선사 송

서풍은 위수에 불어대고
낙엽은 장안에 가득하네
이것을 지음한 자 아니라면
추위에 부질없이 애썼다고 얘기하리

慈航朴 頌
西風吹渭水
落葉滿長安
不是知音者
徒勞話歲寒

◌ 무진 거사 송

눈 내리어 바위 덮고, 사립 얼어 봄 아님에
한 분의 목불 쪼개 땔감으로 삼았다네
가련한 원주의 눈썹이 빠짐이여
그 집안 사람까지 살라 죽인 격일세

無盡居士 頌
雪擁巖扉凍不春
一尊木佛劈爲薪
可憐院主眉毛落
燒殺儂家屋裏人

⊂⊃ 보녕수 선사가 이 칙을 들고 말하였다.

그러한 즉 진리는 소리를 높이는 데 있는 것이 아니다. 만약에 자세히 점검한다면 흡사 수고만 하고 공은 없는 것과 같다. 알겠는가?

원수는 맺은 곳이 있고 빚은 진 데가 있느니라.

保寧秀 拈 然則有理不在高聲 若也子細點檢將來 大似勞而無功 還會麼 寃有頭債有主

☁ 천동각 선사의 문답

천동각 선사가 화로를 가설하고 상당하자, 어떤 선승이 물었다.

"단하 선사가 목불을 태운 뜻이 무엇입니까?"

선사가 말하였다.

"날씨가 추우면 불을 쪼이거나, 담요를 높이 덮어 끌어안고 견디느니라."

선승이 말하였다.

"밤이 차고 또 깊으니, 다시 한 분을 태워야 되겠습니다."

선사가 말하였다.

"모름지기 눈썹에서 가장 종요로움[4]을 비추어 보아야 되리라."

선승이 다시 말하였다.

"붉게 빛나는 것이 온통인 몸이라 해야 비로소 지음자입니다."

선사가 말하였다.

"저 쓸데없는 일을 한 것이 무명을 자라게 하였구나."

선승이 말하였다.

"다만 어떤 것이 원주 같이 눈썹이 빠진 것입니까?"

선사가 말하였다.

"상좌에게 병통을 준 것과도 같다."

선승이 말하였다.

---

4) 종요로움 : 없으면 안 되는 요긴함.

"객이 지을 바를 알지 못해 주인을 번거롭게 하였군요."

선사가 말하였다.

"도리어 '저 본래 사람의 지혜와 솜씨입니다.'라고 했어야 옳았다."

선사가 다시 말하였다.

"10월 달의 삭풍과 비는 첫 추위를 시작하려는 하늘의 뜻을 지은 것인데, 모두 모인 자리에 화로불을 오늘 피웠으니, 목불을 사르는 일은 면할 것이라고 어림쳐 헤아리지 말라. 대중이여, 단하를 어림쳐 헤아릴 수 없는 것이 원주가 어림쳐 헤아릴 수 없었던 것과 어찌 같으랴."

선사가 다시 말하였다.

"본래 일치하였으니 편안히 이렇게 쉬어라. 천동이 참을성이 뛰어나다 해도 참을 길이 없으니 여러분을 위해 주석을 내리리라. 단하 선사는 그르침을 가지고 그르침을 성취했고 원주는 눈썹이 빠졌다 하니 벙어리 같고 소경 같구나. 이름 높은 늙은이가 여러분을 어지럽혀서 어수선하게 함은 그대들을 죽이는 필요 없는 악이니라."

天童覺 開爐上堂 僧問 丹霞燒木佛意旨如何 師云 天寒宜向火 擁毳任堆堆 僧云 夜冷更深 更爇一軀去也 師云 也須照管眉毛 始得 僧云 通身紅爛去 方始是知音 師云 爲他閑事長無明 僧云 只如院主爲什麽

眉鬚墮落 師云 也與上座 病痛一般 僧云 不解作客 煩勞主人 師云 還他本色漢手段 始得 乃云 十月朔風雨 肇寒天意作 叢席地爐 今日 開 免燒木佛無斟酌 大衆 丹霞無斟酌 何似院主無斟酌 師復云 本合 便恁麽休却 天童 忍俊不禁 爲儞諸人 下个注脚 丹霞 將錯就錯 院主 眉鬚墮落 如聾如盲 大家翁 攪擾 殺儞不要惡

☁ 보녕용 선사가 상당하여 이 칙을 들고 말하였다.

대중이여, 원주의 눈썹이 빠진 것은 그만두고 말해 보라. 단하 선사의 눈썹은 있는가, 없는가?

만일 보았다면 옛 부처님과 함께 동참할 수 있거니와, 만일 보지 못했다면 인과를 없앨 수 없으니 절대 꺼려야 하느니라.

그 뒤에 어떤 선승이 천축 선사에게 "단하 선사께서 목불을 태우신 뜻이 무엇입니까?" 물으니, 천축 선사가 "추우면 화로 가에서 불을 쪼이고 더우면 시냇가 대밭에 앉았느니라." 하였다.

그런데 보녕은 지금 목불은 없으나 여러분에게 불사름을 베푸노라.

승당 가운데 연기없는 불이 있으니 쪼이려면 곧 쪼이고 없애려면 곧 없애라.

말해 보라. 옛사람과 같은가, 다른가?

윗칸에는 중이 많고 아랫칸에는 중이 적구나.

保寧勇 上堂擧此話云 大衆 院主眉鬚墮落 卽且置 且道 丹霞眉毛在也無 若也見得 與古佛同叅 若也不見 切忌撥無因果 後有僧問天竺和尙 丹霞燒木佛意旨如何 竺云 寒卽圍爐向煖火 熱卽竹林溪畔坐 保寧如今 也無木佛 與諸人燒 堂中 自有無煙火 要向卽向 要撥卽撥 且道與古人 是同 是別 乃云 上間 僧多 下間 僧少

🙢 진정문 선사가 상당하여 말하였다.

단하 선사는 목불을 태웠고 원주는 눈썹이 빠졌다는데, 교승에서는 "자신이 지은 것을 남이 받는 일 없고, 남이 지은 것을 자기가 받는 일 없다." 하였으니, 그렇다면 선문과 교승은 서로 어기고 맞서는 형세가 된다.

단하 선사가 목불을 태웠는데 곁의 사람이 앙화를 받았으니, 이 도리가 무엇인가? 이 이치를 밝힐 이는 없는가?

(잠잠히 있다가)

만일 아무도 없다면 오직 증공 수좌가 이 이치를 깊이 알고 있으니, 바라건대 여러 큰스님은 아침저녁으로 가까이하고 두드려서 밝게 성취하라.

眞淨文 上堂云 丹霞燒木佛 院主眉鬚落 又教中 云 未見自作他受他作自受 若爾則禪門與教乘 敵體相違故 丹霞 自燒木佛 傍僧 受殃未審此理如何 莫有人明得麼 良久云 若無人 唯澄公首座深明此理 希諸高德 旦暮親而扣之 就而明之

ↀ 진정문 선사가 다시 상당하여 단하 선사가 목불을 태운 일과 원주의 눈썹이 빠진 일을 들고 말하였다.

(주장자를 번쩍 집어들고)

이것은 목불도 아니다.

(곧바로 던지고)

누가 감히 태우겠는가? 그대들이 헤아리면 눈썹이 빠질 것이요, 헤아리지 않는다면 또 어찌하겠는가?

(큰 소리로 "행자야!"라고 부른 뒤, 주장자를 일으켜 세우고 자리에서 내리다.)

又上堂 擧丹霞燒木佛 院主眉鬚落 師驀拈拄杖云 不是木佛 便擲下云 誰敢燒 儞擬 卽眉鬚墮落 不擬 又且如何 遂高聲叫行者 拈起拄杖下座

☁ 장로색 선사가 소참법문을 할 때 조주 선사의 문답을 들고 말하였다.

어떤 관리가 조주 선사에게 물었다.
"단하 선사가 목불을 태웠거늘 어째서 원주의 눈썹이 빠졌습니까?"
조주 선사가 도리어 물었다.
"나으리 댁에서는 누가 날 것을 익히는가?"
관리가 대답하였다.
"하인들이 합니다."
조주 선사가 말하였다.
"이것은 그가 알 것입니다."

여러분! 단하 선사가 목불을 태운 것은 날씨가 추워서였다고 덮어줄 수 있지만 원주의 눈썹이 빠진 것은 마음씨가 거친 자의 잘못이다.
조주 선사의 견처는 노파심이 철저했던 것이거니와, 만일 어떤 사람이 나에게 "단하 선사가 목불을 태웠거늘 어째서 원주의 눈썹이 빠졌는가?" 묻는다면, 나는 그에게 다만 "절대 그런 헛된 짓은 하지 말라."라고만 하리니, 눈 가진 납자라면 자세히 점검해 보라.

長蘆賾 小參 擧官人 問趙州 丹霞燒木佛 院主爲甚眉鬚墮落 州云官人宅中 甚麽人 變生造熟 官人云 所使 州云 是他却會 諸仁者 丹霞燒木佛 蓋爲天寒 院主眉鬚墮落 心麤者失 趙州見處 徹底老婆心忽有人問山僧 丹霞燒木佛 爲什麽 院主眉鬚墮落 只向他道 必不空然具眼衲僧 子細點檢

ଓ 백운병 선사가 이 칙을 들고 말하였다.

생각하기 어렵고 논의하기 어려움이여, 단하 선사의 선 자리는 홀로 높아 믿을 만하고 의지할 만한데, 원주는 도리어 이류에서 행함[5]을 물리쳤구나.

어떤 이가 그림자와 메아리를 초월하지 못한 견해와 동쪽과 서쪽도 가리지 못하는 안목으로 말하기를 "원주가 '목불에 어찌 사리가 있으리오.' 한 것이 부처를 비방한 결과가 되어 눈썹이 빠졌다." 하니, 그들은 자기의 성명(性命)이 벌써 남의 손에 들어가 끊어졌음을 알지 못하기 때문이다. 알겠는가?

객이 지을 바를 알지 못해 주인을 번거롭게 했구나.

白雲昺 拈 難思難議 丹霞 立處孤危 可信可憑 院主 却行異類 有般漢 見解未超影響 眼目 不辨東西 便道 院主云 木佛 豈有舍利 却成謗佛 所以眉鬚墮落 殊不知自己性命 已在別人手裏了也 還委悉麼 不會作客 勞煩主人

5) 이류(異類)에서 행함 : 다른 종류의 것을 들어서 자성의 면목과 이치를 드러내는 것.

 대원 문재현은 이 칙을 모두 듣고 나서 이르노라.

단하 선사는 금강경 삼십이분의 설법을 일상에서 하였구나.

칠월 장마 잠시 거쳐 쾌청하니
새들도 즐거운 모임일세
시자야, 차 들며 보자꾸나

322칙 20방망이를 때려서 내쫓다

본 칙

단하 선사가 어느 날, 충 국사를 뵈러 가서, 먼저 시자에게 물었다.

"국사께서 계시는가?"

시자가 대답하였다.

"계시기는 하나 손님이 볼 수 없습니다."

이에 선사가 말하였다.

"심히 깊고 넓은 삶이구나."

시자가 대답하였다.

"부처의 눈이라 할지라도 역시 엿볼 수 없습니다."

이에 선사가 말하였다.

"용은 용의 새끼를 낳고 봉황은 봉황의 새끼를 낳는구나."

충 국사가 낮잠에서 깨어난 뒤 시자가 위의 사실을 고하니, 충 국사가 시자를 20방망이 때려서 내쫓았다. 나중에 단하 선사가 이 소문을 듣고 말하였다.

"남양을 국사로 삼음에 잘못이 없구나."

丹霞 一日 謁忠國師 先問侍者 國師在否 曰 在則在 不見客 師曰 大深遠生 曰 佛眼 亦覻不見 師曰 龍生龍子 鳳生鳳兒 國師睡起 侍者以告 國師乃鞭侍者二十棒遣出 後 丹霞聞之 乃云 不謬爲南陽國師

☁ 석문이 선사 송

바람 멎고 파도 맑아 달빛만 허공을 비추는데
길 가운데 사람이 시험삼아 산골 노인께 물었네
다만 그윽한 숲 밑을 돌아볼 줄만 알았고
동쪽 바위 운무에 젖음은 깨닫지를 못하네

石門易 頌
風靜波澄月映空
途中人借問山翁
只知廻顧幽林下
不覺東崑雲霧籠

ↀ 석문이 선사가 다시 이 칙을 들고 말하였다.

말해 보라. 시자의 허물이 어디에 있는가?

又拈 且道 侍者過在什麽處

ꕀ 설두녕 선사가 상당하여 이 칙을 들고 말하였다.

충 국사는 싹을 보고 땅을 분간했고, 단하 선사는 말로 해서 사람을 알아보았네. 시자는 방망이를 곧 받아들여 감당하였거늘 어찌 방망이 내린 곳을 알지 못하랴.

천평이 오늘 바람을 거슬러 키를 잡고, 물을 따라 배를 띄우노라.

정문(頂門)의 눈을 갖춘 납자라면 반드시 이러-한 특별한 경지가 있느니라.

雪竇寧 上堂擧此話云 國師 從苗辨地 丹霞 因語識人 侍者 棒雖承當 奈何不知來處 天平今日 逆風把柂 順水流舟 頂門具眼衲僧 必然別有涯岸

○ 본연 거사가 이 칙을 들고 말하였다.

단하 선사는 손님으로서 매우 부끄럽게 되었고, 탐원 선사는 접대함이 서투르고 거칠었다. 충 국사는 참지 않고 어린 것을 꾸짖었으니 이치에 의거하여 결단했거니와, 그 20방망이는 충 국사가 스스로 맞아야 옳다. 그가 목마름을 당해서야 우물을 파는 격이고 시집갈 날이 되어서야 혹에다 뜸을 뜨는 격이기 때문이다.

本然居士 拈 丹霞 爲客大惡 耽源 接待疎荒 國師 不耐稚責 據理斷來 這二十棒 合是國師自喫 只爲他臨渴掘井 臨嫁灸癭

 대원 문재현은 이 칙을 모두 듣고 나서 이르노라.

"계시기는 하나 손님이 보시지 못합니다." 할 때에 그렇다면 어찌 새삼스럽게 손님이라 하는가? 하고 그가 또 "계시느냐 물었기에 그렇게 말했을 뿐입니다." 할 때, 그렇다면 지금 대화의 오고 간 절차야 없었다 못하겠군." 하여 그가 부인하지 못할 때에 "내가 국사께서 계시는가 물은 것이 그와 같다 하겠는가, 다르다 하겠는가?" 하고 만약 뭐라고 하려 하면 곧바로 때렸을 것일세.

서울하면 육삼빌딩 제일이고
부산하면 아무래도 해운대며
광주하면 무등산 꼽는다네

육삼빌딩 가서는 한강구경
해운대 모래에선 한 잔 좋고
무등산선 야호를 외친다네

봄이면 땅 일궈 씨 뿌리고
여름이면 부채 들고 그늘에 가
매미와 이러-히 릴리릴세

323칙 밥을 먹었는가

 본 칙

단하 선사가 어떤 선승에게 물었다.

"어디서 오는가?"

선승이 대답하였다.

"산 아래에서 옵니다."

선사가 물었다.

"밥을 먹었는가, 안 먹었는가?"

"먹었습니다."

선사가 다시 물었다.

"그대에게 밥을 먹도록 준 이도 눈을 갖추었던가?"

선승이 말을 못했다.

(장경 선사가 보복 선사에게 물었다.

"밥을 남에게 주어서 먹도록 했으면 은혜를 갚은 바가 있을텐데, 어째서 눈을 갖추지 못했다 했을까?"

보복 선사가 대답하였다.

"주는 이와 얻는 이, 둘 다 모두 눈이 먼 것입니다."

장경 선사가 다시 말하였다.
"그 기틀을 다했거늘 눈멀었다 하는가?"
보복 선사가 대답하였다.
"내가 눈멀었다고 한 것입니까?")

丹霞問僧 甚處來 僧云 山下來 師云 喫飯了也未 僧云 喫飯了也 師云 將飯與汝喫底人 還具眼麼 僧無語(長慶問保福 將飯與人喫 報恩有分 爲什麽 不具眼 福云 施者受者 二俱瞎漢 慶云 盡其機來 還成瞎否 福云 道我瞎得麽)

설두현 선사 송

기틀을 다했거늘 눈멀었다 말아라
쇠머리를 눌러서 풀을 먹임일세
서역과 인도의 삼십삼 조사들이
보배그릇 들고 와서 허물들만 이룬다 하나
허물이 깊다지만 찾을 곳도 없어서
하늘과 인간마저 한결같이 흔적 없네

雪竇顯 頌
盡機不成瞎
按牛頭喫草
四七二三諸祖師
寶器持來成過咎
過咎深無處尋
天上人間同陸沉

☁ 파초철 선사가 이 칙을 들고 말하였다.

각자 온전하건만 하나는 얻었고 하나는 잃었구나.
다시 그 선승을 대신하여 말하노라.
다투면 모자라고, 양보하면 남습니다.
다시 단하 선사를 대신하여 말하노라.
주는 이와 받는 이 모두가 이익이 없느니라.

芭蕉徹 拈 各具一得一失 又代僧云 爭不足讓有餘 又代丹霞云 施受俱無利益

🙜 분양소 선사가 대신 말하였다.

만일 산에 오르지 않았더라면 어찌 단하 선사를 알았으리오.

汾陽昭 代云 若不上山 爭識丹霞

☁ 현각 선사가 추궁하였다.

말해 보라. 장경 선사가 단하 선사의 뜻을 밝힌 것인가, 아니면 다시 자기의 살림을 활용한 것인가?

玄覺 徵 且道 長慶 明丹霞意 爲復自用家財

 대원 문재현은 이 칙을 모두 듣고 나서 이르노라.

"그대에게 밥을 먹도록 준 이도 눈을 갖추었던가?" 할 때 "이 눈에 그런 말도 있습니까? 화상이시여, 어떻게 그런 말을 얻으셨습니까?" 했어야 했다.

나르는 구름은 백학이고
오월 녹음 한들한들 춤일세
한 잔, 또 한 잔 석양도 취했구나

324칙 모두 얻을 수 없다

 본 칙

예주 약산 유엄 선사가 석두 선사에게 물었다.

"3승 12분교는 제가 약간 알고 있거니와, 일찍이 듣건대 남쪽에서는 사람의 마음을 곧장 가리켜서 성품을 보아 부처를 이루게 하는 법이 있다는데, 실로 아직 밝히지 못했으니 간절히 바라건대 화상께서 자비로 가리켜 보여주십시오."

석두 선사가 말하였다.

"이렇게 해도 얻을 수 없고, 이렇게 하지 않아도 얻을 수 없으며, 이렇게 하는 것도 이렇게 하지 않는 것도 모두 얻을 수 없다. 그대는 어찌하겠는가?"

이에 약산 선사가 우두커니 생각에 잠기니, 석두 선사가 말하였다.

"그대의 인연이 여기에 있지 않다. 강서에 마 대사가 계시니 거기에 가서 물으면 설해 주실 것이다."

약산 선사가 거기에 가서 전과 같이 청하여 물으니, 마 대사가 말하였다.

"나는 어떤 때에는 그대에게 눈썹을 드날리거나 눈을 껌벅거려서 가리키기도 하고, 어떤 때에는 눈썹을 드날리거나 눈을 껌벅거리지 않고 가리키기도 하며, 어떤 때에는 눈썹을 드날리거나 눈을 껌벅거려 가리키는 것이 옳다고도 하고, 어떤 때에는 눈썹을 드날리거나 눈을 껌벅거려 가리키는 것이 옳지 않다고도 하느니라."

약산 선사는 깨달은 바가 있어 문득 절을 하였다.

이에 마조 대사가 물었다.

"그대는 어떤 도리를 보았는가?"

약산 선사가 말하였다.

"내가 석두 선사에게 있을 때에 마치 모기가 무쇠소에 오른 것 같았습니다."

이에 마조 대사가 말하였다.

"그대가 이미 그러하니, 잘 보호해 지녀라."

澧州藥山惟儼禪師 問石頭 三乘十二分教 某甲 粗知 嘗聞 南方 直指人心見性成佛 實未明了 伏望和尚慈悲指示 頭云 恁麼也不得 不恁麼也不得 恁麼不恁麼摠不得 汝作麼生 師佇思 頭云 子因緣 不在此 江西 有馬大師 子往彼去 應爲子說 師至彼 準前請問 馬祖云 我有時 教伊揚眉瞬目 有時 不教伊揚眉瞬目 有時教伊揚眉瞬目者 是 有時 教伊揚眉瞬目者 不是 師於是 有省 便作禮 祖曰 子見箇什麼道理 師云 某甲 在石頭時 如蚊子上鐵牛 祖曰 汝旣如是 宜善護持

장령탁 선사 송

늠름한 청정 가풍 팔방으로 부는데
무쇠소 홀로 탄 기세가 등등함이여
그대를 위하노니 금강의 눈으로
해골을 깨부숴야 스스로 알리라

長靈卓 頌
凜凜清風八面吹
雄雄獨跨鐵牛兒
爲公剔起金剛眼
拶破髑髏應自知

౿ 운문고 선사 송

좋은 이야기인데
누가 알아 말할 건가
설사 십분 알아 말한다 하여도
옳다고 허락해 줄 수 없네

雲門杲 頌
好个話端
阿誰解擧
擧得十分
未敢相許

☁ 죽암규 선사 송

사해에 어지러운 봉화가 조용하고
중원에는 소식이 통함마저 쉬게 되니
석 자나 된 칼도 잡을 것 없어지고
활 한 번 메겨서 다루기마저 그쳤네

(이 송과 운문고 선사의 송은 모두가 석두 선사의 말에 송한 것이다.)

竹庵珪 頌
四海狼煙靜
中原信息通
罷拈三尺劒
休弄一張弓
(此錄與雲門杲錄俱擧石頭語)

☁ 심문분 선사 송

화락하고 온화한 기운, 봄 날씨 같더니
홀연히 바람 일어 금새 또 혹한일세
옥매가 혹한 참고 능히 견뎌 피어남이여
누굴 위해 울타리가에서 피어나고 지는가

(이는 눈썹을 드날리고 눈을 껌벅이는 일을 송한 것이다.)

心聞賁 頌
融融和氣似春天
驀忽風生又凜然
堪笑玉梅能忍凍
爲誰開落向籬邊
(此擧揚眉瞬目因緣)

송원 선사 송

일 천의 봉우리 길을 끊고 앉음이여
푸른 하늘 뚫고서 드높이 솟아있네
단적으로 물음인들 그 어찌 용납하랴
곧바로 말하노니 해골 앞일세

松源 頌
坐斷千峯路
穿開碧落天
那容問端的
端的髑髏前

☁ 무위자 선사 송

모두 얻을 수 없다 함도 정말로 까닭없네
촌 늙은이 천지가 큰 것인들 어찌 알리
설사 곧바로 팔, 구, 십에 이르러도
고향이 아직도 한 관문에 막혀 있다

無爲子 頌
摠不得大無端
野老焉知天地寬
直饒數到八九十
家山猶隔一重關

ꕤ 보녕수 선사가 이 칙을 들고 말하였다.

석두 선사는 좋은 무공철추를 분부했으나 이루어지지 못했다. 약산 선사가 비록 강을 건너가서 깨달았다 하나, 평지에서 엇갈림을 당했으니 어찌하랴? 그를 도울 방법이 어디에 있는가?

서현은 그렇지 않으리라.

이렇게 해도 얻고, 이렇게 하지 않아도 얻으며, 이렇게 하거나 이렇게 하지 않거나 간에 모두 얻는다고 하리니, 얻어서 얻었다 할 얻음인가? 일러라. 어느 말을 사용하겠는가? 가려내 보라.

保寧秀 拈 石頭好介無孔鐵鎚 大似分付不着 藥山 雖然過江悟去 爭奈平地喫交 有什麽扶策處 栖賢 卽不然 與麽也得 不與麽也得 與麽不與麽摠得 得得得 且道 使那介得字 試爲辨看

☁ 장산전 선사가 상당하여 이 칙을 들고 말하였다.

대중들이 석두 선사가 비록 천성의 기세라고 하지만 굽은 것을 꺾어 곧게 하려는 짓을 하려했으니 어찌하겠는가?

만일 남선이라면 그렇지 않으리라.

이렇게 해도 얻고, 이렇게 하지 않아도 얻으며, 이렇게 하거나, 이렇게 하지 않거나 모두 얻나니, 모여와서 하나의 허공이다. 어디에 동, 서, 남, 북을 찾으리오.

해마다 여름은 덥고, 겨울은 추우며, 곳곳마다 산은 푸르고 물은 짙푸르다. 시장하면 입을 벌려 밥을 먹고, 고단하면 다리를 뻗고 쉰다.

여러분이여, 만일 갑자기 염라대왕이 와서 밥값을 달라고 한다면 그에게 무엇이라 대꾸해야 되겠는가?

곧바로 "훔!" 하고 "묻는 것을 지나치지 않았느니라."라고 하리라.

蔣山泉 上堂擧此話云 大衆 石頭 雖然性氣 爭奈拗曲作直 若是南禪卽不然 恁麽也得 不恁麽也得 恁麽不恁麽摠得 都來一箇虛空 討甚東西南北 年年夏熱冬寒 處處山靑水綠 飢來開口喫飯 困來伸脚偃息 諸仁者 忽若閻老 來索飯錢 向他道甚麽 卽得 吽泊不問過

☁ 승천기 선사가 상당하여 말하였다.

옛 사람이 "이렇게 해도 얻을 수 없고, 이렇게 하지 않아도 얻을 수 없으며, 이렇게 하는 것도 이렇게 하지 않는 것도 모두 얻을 수 없다." 하니, 옛 사람의 그런 말이 방약무인하구나.

감히 여러분들에게 묻노니, 어떤 것이 이렇게 하는 일인가? 대중 가운데 대답할 자가 있는가? 있거든 나와서 말해 보라.

만일 아무도 말할 이가 없다면 개원이 여러분을 대신해서 말하리라.

키가 큰 이는 법신도 크고, 키가 작은 이는 법신도 작다.

承天琦 上堂云 古人 道 恁麼也不得 不恁麼也不得 恁麼不恁麼俱不得 古人 恁麼道 大似傍若無人 敢問諸人 如何是恁麼底事 衆中 還有道得底麽 試出來道看 若無人道得 開元 爲諸人道 長者 長法身 短者短法身

⚭ 오조연 선사가 상당하여 이 칙을 들고 말하였다.

내가 대중에 있을 때, 도반들이 듣고 헤아려 말하는 것을 들었는데 "마음이 곧 부처라 해도 얻을 수 없고, 마음이 곧 부처가 아니라 해도 얻을 수 없다." 하였으니, 그렇게 이야기해서야 감히 선객이라 할 수 있겠는가? 무슨 까닭이겠는가?

특별히 석두 노인이 문무를 겸비하여 병법과 전략까지 모두 완전하게 갖춘 줄을 알지 못하기 때문이니라.

오조가 본 곳을 여러분과 같이 알고자 하노라.

다만 파도가 솟구치는 것만을 보고, 용왕의 궁전은 보지 못하는구나.

五祖演 上堂擧此話云 山僧 在衆日 聞兄弟商量道 卽心卽佛 亦不得 不卽心卽佛 亦不得 若恁麽說話 敢稱禪客 何故 殊不知石頭老人 文武兼備 韜略雙全 若是五祖見處 也要諸人共知 只見波濤湧 不見海龍宮

☁ 원오근 선사가 이 칙을 들고 말하였다.

요즘 대중 가운데서 도반들이, 석두 선사는 한결같이 천 길 벼랑 위에 서 있었기에 그가 알지 못했고 마조 선사는 한 가닥을 열어 놓아 그가 깨달았다고 말하지만, 석두 선사의 그런 함이 이미 냄새가 나는 무덤이요, 마조 선사가 이 일을 한 번 이른 것이 다시 재차 독약으로 해친 것임을 알지 못했다.

그렇다면 무엇 때문에 약산은 깨달았는가. 일러보라. 이와 같건만 무엇 때문인가? 이에 이르러서는 모름지기 무쇠로 부어 만들어진 자라야 된다. 그러므로 "이 일은 말에 있지 않으며, 문자에 있지도 않다." 했느니라. 그의 묻는 것을 보라. 석두 선사에게 묻고는 다시 마조 선사에게 가서 역시 이렇게 물으니, 이 사람이야말로 무쇠나 돌과 같은 몸과 심장을 가진 사람이다. 지금 이런 심장을 가진 자가 있다면 어찌 뚫지 못할까 근심하리오.

圜悟勤 擧此話云 今時衆中兄弟 便道 石頭一向壁立千仞 所以 他不會 馬祖 放開一線 他乃悟去 殊不知石頭恁麽道 已是漏逗了也 馬祖道處 這一着 尤更毒害 因什麽 藥山 得悟去 且道 因什麽如此 到此須是生鐵鑄就底漢 始得 所以道 此事 不在語言上 不在文字上 看他置箇問頭 問石頭了 及至馬祖處 亦如是問 此人是箇鐵石身心 如今若有如是心底人 何憂不徹

🙞 불안원 선사가 상당하여 말하였다.

옛 사람이 "내가 어떤 때엔 눈썹을 드날리거나 눈을 껌벅거려서" 라고 한 데에서 "옳지 않다고도 하느니라." 한 것에 대해 요즘 사람들은 그 이치를 자세히 알지도 못하면서 달리 견해를 지어 "얻은 사람이 말하면 옳다고 해도 얻은 것이며 옳지 않다고 해도 얻은 것이다."라고 이른다 하니 그들에게 "어떤 것이 얻은 사람인가?"라고 물으면 "다른 이의 분상에서는 얻음과 얻지 못함과 얻었다고 해도 좋고, 얻지 못했다 해도 좋다고 말할 수 없다."라고 한다.

(길게 한 번 탄식하는 소리를 내고)

같이 이야기할 곳이 어디에 있겠는가? 옛 사람이 "이렇게 해도 얻을 수 없고 이렇게 하지 않아도 얻을 수 없으며, 내지는 모두 얻을 수 없다." 한 것은 또 어찌하겠는가 하면, 그는 얼른 "이는 자취를 털어버리는 말이니 그대 집 속의 늙은 아비, 늙은 어미까지도 털어버리는 것이다." 하고, 또 "그것은 털어버리는 말이라고 하고, 자취를 털어버리지 않는 말은 어떠한가?"라고 다시 물으면 얼른 "이렇게 해도 얻고, 이렇게 하지 않아도 얻으며, 이렇게 하거나 이렇게 하지 않거나 모두 얻는다." 하니, 이것을 진실하게 뛰어난 말로 외친다면 참으로 그대 집 속의 늙은 아비, 늙은 어미니라.

(다시 두 번 탄식하는 소리를 내고)

같이 이야기할 곳이 어디에 있겠는가. 납자라면 납자로서의 이야깃거리를 가지고 있어야 되는데, 그대들을 어찌해야 되겠는가?

용문이 나를 긍정치 않는다거나, 나를 무시한다거나, 나의 마음을 움직였다거나, 나를 억누른다 하지 말라.

용문이 이렇게 한 것이 그대들을 얻도록 한 것인가, 얻도록 한 것이 아닌가? 자세히 살펴보아야 좋다.

佛眼遠 上堂云 古人道 我有時 揚眉瞬目 至不是 如今人 不委得了便別作解會說 道得底人 道是也得 不是也得 問伊作麼生是得底人 便道 他分上 不說得與不得 得也好 不得也好 乃長噓一聲曰 有什麼共語處 秖如古人 道 恁麼也不得 不恁麼也不得 至摠不得 又作麼生 他便道 此是拂迹語 拂儞屋裏老爺老孃 又問伊此是拂迹語 不拂迹語 如何 便道 與麼也得 不與麼也得 與麼不與麼摠得 此喚作實頭語 實儞屋裏老爺老孃 師復吁兩聲曰 有什麼共語處 夫爲衲僧 須作衲僧說話 儞等合作麼生 莫道龍門 不肯我埋沒我 心行我 壓良我 龍門與麼 是要儞到 不要儞到 也須子細看詳 好

☁ 운문고 선사의 문답

운문고 선사가 어떤 선승에게 물었다.

“이렇게 해도 얻을 수 없고, 이렇게 하지 않아도 얻을 수 없으며, 이렇게 하는 것도 이렇게 하지 않는 것도 모두 얻을 수 없으니, 어찌해야 되겠는가?”

선승이 대답하였다.

“다 얻었습니다.”

선사가 말하였다.

“단 복숭아를 내던지고 무덤가의 신 배를 따는구나.”

雲門杲問僧 恁麼也不得 不恁麼也不得 恁麼不恁麼惣不得 作麼生 僧云 惣得 師云 抛却甛桃樹 緣山摘醋梨

 대원 문재현은 이 칙을 모두 듣고 나서 이르노라.

두 분의 말이 모두 공교로움을 다했으나 두 끝을 완전하게 여의지는 못했다. 약산 선사의 물음에 이 사람이라면 이렇게 읊었을 것일세.

오던 길가 좌우 숲 울창하고
숲새들의 노래도 있었지?
남방의 가르침 이렇다네

325칙 일체 하는 것 없습니다

 본 칙

약산 선사가 어느 날 앉아 있는데, 석두 선사가 보고 말하였다.
"그대는 거기서 무엇을 하는가?"
약산 선사가 대답하였다.
"일체 하는 것 없습니다."
석두 선사가 말하였다.
"그렇다면 한가히 앉은 것이로구나."
약산 선사가 말하였다.
"만약 한가히 앉았다면 하는 것입니다."
석두 선사가 말하였다.
"그대가 하는 것 없다 하는데, 하는 것 없다는 게 무엇인가?"
약산 선사가 대답하였다.
"천 성인도 알지 못합니다."
석두 선사가 다음과 같은 게송으로 칭찬하였다.

원래부터 같이 살되 이름도 알 수 없으니

다만 행함에 임의대로 운용할 뿐
예로부터 현인들도 오히려 알지 못한 것을
찰나간에 평범한 이가 어찌 가히 밝혔을꼬

藥山 一日坐次 石頭覩之 問曰 汝在這裏 作麽 師曰 一切不爲 頭曰 恁麽則閑坐也 師曰 若閑坐則爲也 頭曰 汝道不爲 且不爲个什麽 師曰 千聖 亦不識 頭以偈贊曰 從來共住不知名 任運相將只麽行 自古上賢 猶不識 造次凡流豈可明

☁ 단하순 선사 송

부사의하고 미묘함이 극진하여, 본래부터 민첩함이 그러한데
그를 일러 한가하다 말하면 일만팔천리일세
달 비친 맑은 강에 고기 보이지 않거늘
태공은 무엇하러 낚싯줄을 또 던지나

丹霞淳 頌
玄微及盡本脩然
若謂渠閑萬八千
月印澄江魚不見
釣人何必更抛筌

☁ 은정엄 선사 송

석두 선사 풀밭 친 뜻, 뱀 놀라게 함이니
현묘한 기틀, 비밀히 보호해 번성한 정 끊어졌네
바람 좇듯 재빠른 대답, 분명한 뜻 가려냄이여
천 성인도 이름마저 모른다 알렸다네

隱靜儼 頌
石頭打草要蛇驚
密護玄機絶彙情
迅句追風須辨的
報云千聖不知名

ᘓ 불인청 선사 송

약산 선사가 좌선하여 한 가지 일도 없다 함이여
평지를 뒤집고 마구 침끝같이 찌름일세
긴 강은 넓고도 넓고 겹친 봉우리는 높고도 높다
천 성인도 모른다 함이여
만 가지 형상의 돌아감을 앎일세
후원의 나귀는 풀을 뜯고
못 속의 조개는 이끼 위에 누웠네

佛印淸 頌
藥山宴坐一事不爲
翻於平地亂下針錐
長江浩浩疊嶂巍巍
雖云千聖不識
其如萬像知歸
後園驢喫草
池中蛤置苔

원오근 선사 송

불조라는 속박마저 풀어서 없애고
모든 규범 벗어나 가없이 이러-하네
한 물건이라고 할 것도 없이
마음대로 자유자재하네
옛 거울이 대에 놓였으니 가고 옴을 분명히 가리고
황금망치 드는 그림자에 무쇠나무 꽃피었네
서로가 활용함에 맡겨 다하여 더할 것도 없으니
법구름 간 곳마다 바람 우뢰 일듯 했네

圜悟勤 頌
擺撥佛祖縛
曠然繩墨外
一物亦不爲
縱橫得自在
古鑑臨臺明辨去來
金鎚影動鐵樹花開
任運相將不可陪
法雲隨處作風雷

☁ 오조계 선사가 이 칙을 들고 말하였다.

약산 선사가 꿈 속에서 꿈을 이야기하니, 두 겹 세 겹이구나.

五祖戒 拈云 藥山 夢中說夢兩重重

☁ 대홍은 선사가 이 칙을 들고 말하였다.

이미 갈등이니 다시 한 주먹 갈길 일이다. 그대들 말해 보라. "모른다." 하니, 누가 모르는 자인가? 만일 말한다면 그대들이 좌지우지하는 것을 용납하겠거니와, 만일 말하지 못한다면 내가 동쪽으로 가건 서쪽으로 가건 방해하지 말라.

大洪恩 拈 已是葛藤 更好與一拶 汝道 不識 誰是不識者 若也道得 且容儞左之右之 若道不得 莫妨我東行西行

✧ 지해일 선사가 석두 선사의 말을 들면서 말하였다.

석두 선사가 "원래부터 같이 살되 이름도 알 수 없다." 한 것에 대해 이르리라.

널쪽이나 메고 다니는 자일세.[6]

"다만 행함에 임의대로 운용할 뿐이다." 한 것에 대해 이르리라.

함부로 짓밟는 사람일세.

"예로부터 현인들도 오히려 알지 못한다." 한 것에 대해 이르리라.

이미 견줌일세.

"찰나간에 평범한 이가 어찌 가히 밝혔을꼬." 한 것에 대해 이르리라.

항목에 따라서 판결을 내렸다.

(다시 말하였다.)

높은 성현이라 하나 얼굴조차 모르고 범부라 해도 이름조차 모른다 하니, 말해 보라. 나는 도리어 알겠는가?

내가 만약 알 수 없음마저 앎이 없다면 여러분은 어느 곳을 향해 더듬어 찾겠는가. 이미 더듬어 찾아 분명할 수 없으니 유나당 안에서 한 망치 치는 것에서 취해서 보라.

---

6) 널쪽이나 메고 다닌 자일세 : 원문에는 담판한(擔板漢), 즉 널판지를 메는 놈이라고 되어 있다. 이 사람은 한 쪽만 보고 다른 쪽은 보지 못한다.

智海逸 擧石頭云 從來共住不知名 師着語云 擔板漢 任運相射只麽行 師云 亂踏漢 自古上賢 猶不識 師云 以已方人 造次凡流豈易明 師云 據款結案 復云 上賢 旣不識面 凡夫 又不知名 且道 智海 還知麽 智海 若不知不識 諸人 向什麽處模索 旣模索不着 且看維那堂中一槌打就

☁ 장산원 선사가 '원래부터 같이 살되'부터 '어찌 가히 밝혔을꼬' 한 곳까지를 들고 말하였다.

옛부터의 높은 현인도 오히려 모른다 하니, 용화가 오늘 입을 봉한 채 말을 하지 않고 있을 수가 없구나.
(말없이 보이다가)
고개를 들어 석양빛 봄이여, 본래 사는 곳이 서쪽일세.

蔣山元 擧從來共住至豈可明 師云 自古上賢猶不識 龍華 今日 不可緘口無言去也 良久云 擧頭殘照在 元是住居西

☁ 장로색 선사가 이 칙을 들고 말하였다.

말해 보라. 이 존숙의 뜻이 어떠한가?
(말없이 보이다가)
마치 땅이 산을 받들고 있되 산의 높음을 모르는 것 같고, 돌이 옥을 품고 있되 옥에 티 없음을 모르는 것 같도다.

長蘆賾 拈 且道 此尊宿意旨如何 良久云 似地擎山 不知山之高峻 如石含玉 不知玉之無瑕

ᯅ 오조연 선사가 소참법문을 할 때 이 칙을 들고 말하였다.

대중들이여, 조사의 관문을 통과하고, 새의 길, 현묘한 길을 깨달은 뒤에야 비로소 이와 같은 이야기를 할 만하니라. 석두 선사가 그렇게 드리워보인 것이 조주 선사의 정전백수자 화두나 동산 선사의 마삼근 화두나, 운문 선사의 초불월조의 화두와 같은 류라 하리라. 오조도 또한 게송이 있느니라.

이름마저 알 수 없는 데서 자유로이 운용하니
보고 들음에서 재빨리 드러냄이여
물 위에 푸르고 푸르른 것
원래 이 부평초니라

五祖演 小叅 擧此話云 大衆 須是過得祖師關 會鳥道玄路 始會此般說話 石頭與麼垂示 便類趙州庭前栢樹子 洞山麻三斤 雲門超佛越祖之談 五祖 亦有頌

任運不知名
輕輕着眼聽
水上靑靑綠
元來是浮萍

ⓒ 원오근 선사가 소참법문을 할 때 이 칙에서 "그렇다면 한가히 앉은 것이로구나." 한 것까지 들고 말하였다.

요즘 사람들이 알지도 못하면서 말하기를 "무엇을 가지고 한가히 앉은 것이라 부르는가?" 하거나 또는 "화상께서 묻지 않으셨더라면 저는 멀고 아득히 어두운 바탕에 처해 있어 알지 못했을 것입니다. 다만 엉터리없이 다르게 이르면서 스스로 그러한 뜻으로 치달렸을 것입니다."라고 한다.

이에 약산 선사가 "만약에 한가히 앉았다면 하는 것입니다." 말함에 석두 선사가 "그대가 하는 것 없다 하는데, 하는 것 없다는 게 무엇인가?" 하여, 마침내는 "찰나간에 평범한 이가 어찌 가히 밝혔을꼬." 하기에 이르렀으니, 말해 보라. 끝내 하는 것 없다는 것이 무엇인가? 무엇 때문에 아는 것이 없다 했는가? 천 성인도 모른다면서 어떻게 같이 산다 하는가.

그러므로 이것이 사소한 일이라 하지만 그대의 사량과 계교를 용납치 않으며, 가까이할 수도 없으며, 귀신도 엿볼 수 없다. 천만 겹의 나쁜 견해가 쌓인 것을 벗어버려야 마음의 눈이 저절로 보게 될 것이니, 만일 돌이켜보아 얻고 잃고, 옳고 그른 관념을 깨끗이 쓸어내지 못한다면 영원히 교섭할 길이 없으리라.

圜悟勤 小叅 擧此話 至恁麽則閑坐 師云 而今人 不會 便道 喚什麽作閑坐 又道 不因和尙問 某甲 不知心下黑漫漫地 只管胡道他 自然有旨趣 乃云 若閑坐則爲也 頭云 汝道不爲 至造次凡流豈可明 且道畢竟不爲底 是介什麽 何故 却不識 千聖旣不識 如何共住 所以 這些子事 不容儞思量計校 近傍不得 鬼神莫窺 脫却千重萬重惡知惡解 心眼 自見 若見刺不除得失是非關念則永無交涉

☁ 운문고 선사가 이 칙을 들고 말하였다.

물건이 실제 값있는 것이요, 돈은 거래하는 데에 쓸 뿐이다.

雲門杲 拈 物是實價 錢是足陌

☁ 운문고 선사가 다시 이 칙을 들고 말하였다.

옛사람이 한가히 앉았음을 보라. 어떻게 해도 얻을 수 없거늘, 요즘 도를 배우는 사람들은 흔히 한가히 앉는 곳에 머물러 있나니, 요사이 총림에서 콧구멍이 없는 무리를 두고 '묵조'[7]라고 하는 것이 이것이니라.

又擧此話云 看他古人一箇閑坐 也奈何他不得 今時學道之士 多在閑坐處打住 近日叢林無鼻孔輩 謂之默照者是也

7) 묵조(默照) : 아라한처럼 체성만 지켜서 밖으로 활용하지 않는 것을 묵조선이라고 하고, 아직 체성을 밝히지 못한 데에서 모든 것을 다 비움으로 해서 고요한 곳에 처해 있는 것을 묵조선을 닦아간다고 한다.

◌ 죽암규 선사가 소참법문을 할 때 이 칙을 들고 말하였다.

여러분이 한가히 앉았을 때, 단지 어지러이 생각해서 망식과 망정으로 분별하나니, 어찌 일찍이 한 생각마저 쉬어 다하여 참으로 한가히 앉아보았겠는가?

산란하거나 아니면 혼침에 빠지나니, 산란함은 반연과 분별이요, 혼침은 어두컴컴한 졸음이라, 또 어찌 일찍이 한가히 앉음을 깨닫겠는가.

옛 사람은 "나는 다니고 서고 앉고 누움에 일찍이 한 털끝만한 일도 없었느니라."라고 했느니라.

竹庵珪 小叅 擧此話云 儞諸人還得恁麼也未 儞諸人 閑坐時 只是胡思亂想 識情分別 何嘗一念休歇 眞箇閑坐來 不是掉擧 便是昏沉 掉擧則是攀緣分別 昏沉則是昏暗瞌睡 又何嘗會閑坐來 古人道 我行住坐臥 未嘗有一絲毫事

 대원 문재현은 이 칙을 모두 듣고 나서 이르노라.

석두 선사와 약산 선사 두 분이 멱살을 잡고 진흙탕에서 엎치락 뒤치락 하니 꼴이 말 아니다.

봄꽃을 이러-히 즐기며
한 곡조 봄노래 부르다가
석양빛 받으며 집에 오네

326칙 법상에 올라 말없이 보이다

본 칙

약산 선사가 오랫동안 법당에 오르지 않으니, 원주가 여쭈었다.

"대중이 오랫동안 가르침을 고대하고 있으니, 화상께서는 설법을 해 주십시오."

이에 선사가 종을 치게 하니, 대중이 모였다.

선사가 법상에 올라 말없이 보이고 이내 내려와서 방장으로 돌아가거늘, 원주가 뒤를 따라가면서 물었다.

"화상께서 아까 대중에게 설법해 주겠다 하시더니, 어째서 한마디도 하시지 않습니까?"

약산 선사가 말하였다.

"경에는 경사가 있고 논에는 논사가 있는데 어찌 노승을 기이하게 여기는가?"

藥山 久不陞座 院主白云 大衆 久思示誨 請和尙 爲衆說法 師令打鍾 衆 方集 師陞座良久 便下座 歸方丈 主隨後問云 和尙 適來許爲衆說法 云何不垂一言 師云 經有經師 論有論師 爭怪得老僧

☁ 천동각 선사 송

어리석은 아기의 울음 달랜 가짜 돈의 뜻 새기니
어진 말은 채찍 그림자만 봐도 바람같이 달린다
구름 걷힌 끝없는 하늘의 달에 깃들인 학
맑은 추위, 뼛속에 사무쳐 잠 이루지 못하네

天童覺 頌
癡兒刻意止啼錢
良馬追風顧影鞭
雲掃長空巢月鶴
淸寒入骨不成眠

ↀ 천동각 선사가 다시 송하였다.

가문의 법칙이 대쪽같이 엄해서
둘째도 아니요 셋째도 아니로세
맑은 물에 달이 와서 밝고
구름이 물러가니, 찬 바위 드러나네
참 기틀은 스스로 깨달음이거늘
현묘한 곳을 누구라서 간여할까
문수가 죽비를 치지 않았더라면
천고에 굴욕스런 부처님이 될 뻔했네

又頌
家法簡嚴
非二非三
月來明湛水
雲退露寒嵓
眞機自得
妙處誰叅
不是文殊白槌後
也應千古屈瞿曇

ⓒ 설두현 선사가 이 칙을 들고 말하였다.

아깝도다. 약산 노장이 평지 위에서 얻어맞는데 온누리의 사람이 아무도 붙들어 일으키지 못하는구나.

雪竇顯 拈 可惜 藥山老漢 平地上喫撲 盡大地人 扶不起

☁ 낭야각 선사가 이 칙을 들고 말하였다.

약산 선사가 자리에서 내려온 것을 참구하게 한 것까지는 방해롭지 않았다 하더라도 원주가 바싹 다그쳐들어 한쪽 눈을 잃었구나.

瑯琊覺 拈 藥山 下座 不妨疑着 及乎院主拶着 失却一隻眼

⊂⊃ 취암지 선사가 이 칙을 들고 말하였다.

약산 선사가 자리에서 내려왔을 때, 원주는 그가 대중에게 설법을 하지 않는다고 의심했으니, 가히 삼군을 그르쳤다 하리라.

翠嵓芝 拈 藥山 下座 院主當初 怪藥山不爲他說話 可謂誤他三軍

☁ 해회연 선사가 상당하여 이 칙을 들고 말하였다.

비록 이미 비교한 것이 되었다 하나 도적의 몸이 이미 드러났으니, 어찌하랴. 여러분은 약산 선사를 알고 싶은가?

한가로이 경을 들고 소나무에 기대어 서서 손님은 어디서 오시느냐고 웃으며 묻는다.

海會演 上堂擧此話云 雖然以已方人 爭奈賊身已露 諸人 要識藥山麽 閑持經卷倚松立 笑問客從何處來

⌓ 영원청 선사가 이 칙을 들고 이어 운암 선사가 "약산 선사는 하나만 알고 둘은 모른다." 한 것까지를 들고 말하였다.

대중들이여, 약산 선사가 이런 식으로 사람들을 위한다면 경이나 율문이나 논을 강론하는 좌주의 경지를 벗어날 수 있겠는가? 운암 선사가 이렇게 제창한 것이 종문의 취지에 맞겠는가? 여러분은 가려 보라. 만일 가려낸다면 약산 선사를 구제할 뿐 아니라 운암 선사까지도 호흡이 통하게 할 것이요, 만일 가리지 못한다면 대평도 오늘밤 연루되는 일을 당하리라.

靈源清 擧此話 連擧雲嵓云 藥山 只知其一 不知其二 師云 大衆 藥山恁麼爲人 還出得經律論座主也未 雲嵓 如斯提唱 還當宗門的 旨也無 諸人 試辨看 若也辨得 非唯救出藥山 亦與雲嵓出氣 若辨不出 大平 今夜 亦遭連累

☁ 운문고 선사가 이 칙을 들고 말하였다.

(“방장으로 돌아갔다.” 한 곳까지를 들고)
번거로움이 적지 않구나.
(또 “어찌 노승을 기이하게 여기는가?” 한 것을 들고)
사람을 몹시 웃기는구나.

雲門杲 擧此話 至歸方丈 師云 葛藤不少 又擧爭怪得老僧 師云 笑殺人

☁ 밀암걸 선사가 이 칙을 들고 이어 취암지 선사가 이 칙을 들어 말한 것을 들고 말하였다.

취암 선사는 한 쪽 눈만 있어서, 약산 선사가 방장으로 돌아간 것이 특별한 것임을 몰랐으니 곧 저 삼군을 애쓰게만 했다.

密庵傑 擧此話 連擧翠嵓芝拈 師云 翠嵓 秖具一隻眼 殊不知藥山歸方丈 便是勞他三軍

 대원 문재현은 이 칙을 모두 듣고 나서 이르노라.

머리는 용이고, 꼬리는 뱀과 같은 약산 선사일세.

자상한 자비가 병이구나
뺨이나 한 대 쳐서 쫓지 않고
뒷 말씀 뱀꼬리를 이뤘네

327칙 마른 것이 옳은가, 무성한 것이 옳은가

본 칙

약산 선사가 도오 선사와 운암 선사와 함께 산놀이를 하다가 무성한 나무와 마른 나무를 보자 물었다.

"마른 것이 옳은가, 무성한 것이 옳은가?"

운암 선사가 말하였다.

"무성한 것이 옳습니다."

(어떤 책에는 도오 선사가 "무성한 것이 옳다." 하였다 함.)

이에 약산 선사가 말하였다.

"그렇다면 모든 곳에 광명이 찬란하게 빛나겠구나."

도오 선사가 대답하였다.

"마른 것이 옳습니다."

이에 약산 선사가 말하였다.

"그렇다면 모든 곳에서 빛나되, 마른 것마저 놓아버려 담박하겠구나."

때마침 고 사미가 와서 고 사미에게 앞에 말을 들어 물으니, 대답하였다.

"마른 것은 마른 대로 놔두고, 무성한 것은 무성한 대로 놔두십시오."

이에 약산 선사가 운암 선사와 도오 선사를 돌아보면서 말하였다.

"옳지 못했고, 옳지 못했느니라."

藥山與道吾雲巖 遊山次 見榮枯二樹 乃問 枯者是 榮者是 嵓云 榮者是(一本吾云榮者是) 師云 與麽則灼然一切處光明燦爛去 吾云 枯者是 師云 與麽則灼然一切處 放教枯淡去 相次高沙彌至 師又問 彌云 枯者 從他枯 榮者 從他榮 師廻顧雲巖道吾云 不是不是

ꩰ 장산전 선사 송

한 가지는 무성하고, 한 가지는 말랐음이여
복판의 푸른 잎은 더욱 더 우거졌네
금꾀꼬리 온갖 말을 마음대로 풀어내서
곁의 사람, 탄환이 없어짐을 면케 했네

蔣山泉 頌
一枝榮一枝枯
中心綠葉更扶疎
黃鸎任解千般語
免得傍人彈子無

◌ 해인신 선사 송

서리 맞은 노랑잎을 돈이라 일러서
요란하게 우는 아이 돌이켜 기뻐하게 하였다네
깨달으면 어미에게 바쳐서 함께 함이 마땅하나
곁에서 누가 보며 비웃고 있는지 몰랐다네

海印信 頌
落霜黃葉作金錢
癡騃兒啼見喜歡
捉得獻孃俱道好
不知誰是哂傍觀

◌ 보녕용 선사 송

머리를 자루로 덮고 분을 칠해 도배함에
줄을 끌어당기듯 행하고 머묾을 죄다 보였네
북을 쳐서 부수어 굽은 것에 바람 통하게 하고
대가는 수습하여 거두어 돌아가 쉬네

保寧勇 頌
抹粉塗坯復裹頭
盡由行主線牽抽
鼓鼙打破曲吹徹
收拾大家歸去休

♧ 천녕기 선사가 상당하여 이 칙을 들고 말하였다.

('그렇다면 모든 곳에서 빛나되, 마른 것마저 놓아버려 담박하겠구나.' 한 곳까지를 들고)

정말로 지음자로구나.

(또 운암 선사에게 물은 것으로부터 '찬란하게 빛나겠구나' 한 곳까지를 들고)

속이는구나.

(또 고 사미에게 물은 것으로부터 '옳지 못했고, 옳지 못했느니라.' 한 곳까지를 들고)

아기를 가련히 여기다가 추해지는 줄을 몰랐구나.

(그리고는 말하였다.)

내가 이렇게 주석을 낸 것이 시비와 득실이 있는가? 안목을 갖춘 납자는 가려 보라. 만일 없다면 내가 여러분에게 이르노라.

시비와 득실을 일시에 놔 버려라.

天寧琦 上堂擧此話 至枯淡去 師云 正是知音 又問 雲巖至燦爛去 師云 賺了也 又問 高沙彌(至)不是不是 師云 也是憐兒不覺醜 山僧恁麽指注 且道 還有是非得失也無 具眼者 試辨看 如無 山僧 向諸人道 得失是非 一時放却

 대원 문재현은 이 칙을 모두 들고 나서 이르노라.

약산 선사가 아기를 길들이려다가 두 끝에 떨어진 줄 몰랐구나.

푸른 하늘 나는 구름 백학이고
거울 물 속 하늘은 남빛이군
이런 삶 뿐이거늘… 아차차

328칙 호통을 치다

 본 칙

약산 선사에게 고 사미가 하직을 고하니, 선사가 물었다.

"어디로 가려는가?"

사미가 대답하였다.

"강릉으로 계를 받으러 갑니다."

선사가 다시 물었다.

"계는 받아서 뭐하려는가?"

사미가 대답하였다.

"생사를 면하려 합니다."

선사가 물었다.

"어떤 사람은 계도 받으려 하지 않고, 생사도 면하려 하지 않는데, 그가 누구인지 알겠는가?"

사미가 말하였다.

"그렇다면 부처님의 계율이 쓸모가 없겠습니다."

이에 선사가 호통을 치면서 말하였다.

"이 수다스럽게 지껄이는 사미가 아직도 입으로 지르는 소리에 걸려있구나."

藥山 因高沙彌辭去 師云 汝往什麼處去 沙彌云 江陵受戒去 師云 受戒圖箇什麽 沙彌云 圖免生死 師云 有一人不受戒不求免生死 汝知之乎 沙彌云 恁麽則佛戒無用也 師咄云 這饒舌沙彌 猶掛唇吻在

ꩰ 장로색 선사가 이 칙을 들고 말하였다.

이 두 존숙이 비록 작가라지만 점검하건대 찬 바위에 기이한 푸른 풀이나 홀로 지킴이로다. 까딱 않고 흰구름에 오른다 해도 근원에 묘하다 할 것도 없거늘….

長蘆賾 擧此話云 此二尊宿 雖是作家檢點將來 獨守寒嵓異草青 坐着白雲宗不妙

 대원 문재현은 이 칙을 모두 듣고 나서 이르노라.

이 사람이라면 "계를 받으러 갑니다." 할 때 가까이 오라 해서 한 번 후려치고 "계니라." 했을 것이다.

받으려 하지 않느니, 면하려 하지 않느니
양갓을 이루어 헷갈리게 했을까
한 방망이 쳤더라면 참 계를 이룰 것을

329칙 두 때에 당(堂)에 들어가지만 쌀 한 톨 씹은 적 없느니라

 본 칙

약산 선사에게 어떤 선승이 물었다.

"학인이 고향에 돌아가고 싶을 때엔 어찌합니까?"

선사가 대답하였다.

"그대의 부모는 온 몸이 벌겋게 부풀어서 가시밭 속에 누워 있거늘, 그대는 어디로 돌아가려는가?"

선승이 말하였다.

"그렇다면 돌아가지 않겠습니다."

선사가 말하였다.

"도리어 마땅히 돌아가야 하느니라. 그대가 만일 고향으로 가겠다면 나에게 양식 끊는 방법이 있으니, 일러주리라."

선승이 말하였다.

"일러 주십시오."

선사가 말하였다.

"두 때에 당(堂)에 들어가지만 쌀 한 톨 씹은 적 없느니라."

藥山 因僧問 學人 欲歸鄕時如何 師云 子父母徧身紅爛 臥在荊棘林中 子歸何處 僧曰 恁麽則不歸也 師云 却須歸去 汝若歸鄕 我有介絶粮方子 與儞 僧曰 便請 師云 二時上堂 不得咬破一粒米

ꕤ 불안원 선사가 상당하여 이 칙을 들고 말하였다.

대중이여, 가시 숲 속에 벌겋게 부풀어 터졌으니, 도리어 고향에 돌아갈 길 따위 없고, 두 때 당(堂) 안에서 식량을 끊는 방법이라야 도리어 마땅히 돌아감이니라.

그러므로 산승은 20년 동안 구름을 헤치고 달을 노래했으나 행각한 적도 없고, 10년 동안 중생을 건져 이롭게 했으나 일찍이 어찌 구제했다는 것인들 있겠는가?

여러분은 모두가 부모와 합치하는 문서를 가지고 있으니 조상 논밭의 일을 의논해 보라.

붉은 물에서 구슬을 구하나 구슬이 붉은 물에 잠겨 있고, 형산에 가서 옥을 찾으나 옥은 형산에 숨었다. 붉은 물에는 구슬이 없다거나 형산에는 옥이 없다 한다면 이는 그대들을 속이는 말이다. 또 붉은 물 속에 구슬이 있다거나 형산에 옥이 있다 하더라도 역시 그대들을 속이는 말이다.

산승이 어떤 때엔 네모를 그려 동그라미를 이루고, 남쪽을 가리켜 북쪽을 이룬다. 어째서 그런가 하면, 도대체 여러분들이 고향에 돌아가는 노래를 부르지만 곡조가 원만치 못하기 때문이다.

익숙한 길을 잊지 못해서 고향 이야기가 그릇된 것을 아직 바로잡지 못했기에 남쪽을 가리켜 북쪽을 이루는 것이 아니면 현묘할 수 없다.

어찌해야 곡조가 원만할 것인가? 어찌 보지 못했는가?
벌겋게 부풀은 상처를 엿보면 그대의 평생을 드날리리라.

佛眼遠 上堂擧此話云 大衆 荊棘林中 紅爛盡 無路還鄕 二時堂內 絶粮方 却須歸去 所以 山僧 二十年披雲嘯月 未始遊方 十年來接物 利生 何嘗出世 諸人 皆把父母契券 論量祖業田園 就赤水以求珠 珠 沉赤水 向荊山而覓玉 玉隱荊山 說道赤水無珠 荊山無玉 是誑謼儞 說道赤水有珠 荊山有玉 亦是誑謼儞 山僧 有時 畫方成圓 指南成北 何故如此 盖爲諸人 唱還鄕曲子 曲調不圓 熟路難忘 鄕談未改 非指 南之不妙也 如何得曲調圓去 豈不見道 平窺紅爛處 暢殺子平生

 대원 문재현은 이 칙을 모두 듣고 나서 이르노라.

객지는 어디이고 고향은 어디인가?

파아란 가을하늘 높푸르고
코스모스 시골길이 밝구나

무엇을 하늘이라 할 것이며
무엇을 땅이라 하리야만

팔월중추 한가위 때때옷의
동남동녀 즐거운 꽃 피우네

330칙 뿌리만은 나지 않게 하라

 본 칙

약산 선사가 채소밭에 들어가서 원두가 채소를 가꾸는 것을 보고 말하였다.

"채소야 그대가 가꾸는 것을 막지 않겠지만, 뿌리만은 나지 않게 하라."

원두가 말하였다.

"뿌리가 나지 않게 하라시면 대중은 무엇을 먹습니까?"

이에 선사가 말하였다.

"그대도 입이 있던가?"

藥山 入菜園 見園頭栽菜 師云 菜則不障汝栽 只是莫教生根 頭云 莫教生根 大衆 喫介什麼 師云 汝還有口麼

☁ 백운병 선사가 상당하여 이 칙을 들고 말하였다.

원두는 몸을 굽혀 대중을 위했으니 공을 함부로 베푼 것이 아니고, 약산 선사는 뭇 흐름을 가로질러 끊었으니 털끝도 서지 못한다.

만일 약산 선사의 뜻을 밝힌다면 밑 없는 발우에 광채가 혁혁할 것이요, 만일 원두의 뜻을 밝힌다면 천태의 즐률 주장자에 검은 비늘이 질기니라.

말해 보라. 약산 선사가 옳은가, 원두가 옳은가?

(말없이 보이다가)

많은 허망이 적은 진실만 못하느니라.

白雲昺 上堂擧此話云 園頭 橫身荷衆 功不浪施 藥山 截斷衆流 糸毫不立 若明藥山意去 無底鉢盂光烜赫 若明園頭意去 天台楖㮧黑鱗皴 且道 藥山是 園頭是 良久云 多虛 不如少實

 대원 문재현은 이 칙을 모두 듣고 나서 이르노라.

옛 분의 말에 입을 가리켜 재앙의 문이라 했던가?

나는 매는 떠있고 바위 밑 범 포효하네
그 어떤 이름도 서지를 못하는데
황금빛 벼 저편의 노을빛 비단일세

331칙 옳지 않게 아첨하지 말라

 본 칙

약산 선사에게 선승이 물었다.
"어떤 것이 도 가운데 지극한 보배입니까?"
선사가 대답하였다.
"옳지 않게 아첨하지 말라."
선승이 말하였다.
"옳지 않게 아첨하지 않을 때엔 어떠합니까?"
선사가 대답하였다.
"나라를 주고서도 바꿀 수 없느니라."

藥山 因僧問 如何是道中至寶 師云 莫諂曲 僧云 不諂曲時如何 師云 傾國莫換

☁ 원오근 선사 송

도 가운데 지극한 보배가 있으니
세상을 구제함에 짝할 이 없다네
약산 선사 깊고 깊은 광문을 열어서
옳지 않게 아첨하지 말라고 하셨네
옳지 않게 아첨하지 말라고 함이여
나라 걸고 흥정해도 값 칠 수 없다네
만 길 절벽에 서있는 듯 마음이 진실하니
오는 날의 미륵에게 물을 필요도 없다네

圜悟勤 頌
道中有至寶
濟世無倫匹
藥嶠發深藏
唯云莫諂曲
不諂曲
傾國相酬未相直
壁立萬仞此心眞
不必當來問彌勒

 대원 문재현은 이 칙을 모두 듣고 나서 이르노라.

만약 이 사람에게 "어떤 것이 도 가운데 지극한 보배입니까?" 한다면 "어떤 것이 도 가운데 지극한 보배인가?" 했을 것이다.

중추절도 이틀 전, 연휴 사일 마지막 날 아침의
작별인사 아쉬움에 때때옷 손자손녀 손 흔드네
한산습득 누림을 이러-히 즐김이라 해두세

332칙 화상에게 한쪽 손을 내밉니다

 본 칙

약산 선사가 운암 선사에게 말하였다.

"나에게 사미 하나를 불러다오."

운암 선사가 말하였다.

"화상은 그를 불러 무엇을 하시겠습니까?"

이에 약산 선사가 대답하였다.

"나에게 다리 부러진 솥이 하나 있는데 그로 하여금 들어올렸다 내렸다 하게 하리라."

운암 선사가 말하였다.

"그러면 화상에게 한 쪽 손을 내밉니다."

藥山 謂雲巖云 與我喚沙彌來 巖云 和尙 喚他作麽 師云 我有介折脚鐺子 要伊提上挈下 巖云 伊麽則與和尙出一隻手去也

☁ 대위철 선사가 이 칙을 들고 말하였다.

약산 선사가 운암 선사를 만나지 못했더라면 다리 부러진 솥이 거의 부러진 그릇이 될 뻔하였다. 대위의 다리 부러진 솥은 여러분이 함께 한 쪽 손을 내밀기 바라노니, 무슨 까닭인가?

옛 가풍을 그려냄에 추락시키지 않으려는 것이니라.

大潙喆 拈 藥山 若不得雲巖 折脚鐺子 幾成廢器 大潙折脚鐺子 也與諸人 共出一隻手 何故 且圖古風不墜

☁ 원오근 선사가 이 칙을 들고 말하였다.

하나를 들면 셋을 밝히는 것은 납자의 집안에 예사로 있는 일이다. 운암 선사는 이미 간 것을 말하면 오는 것을 알았고, 약산 선사도 또한 잘못 시킨 바가 없다.

숭녕이 비록 백 가지로 추하고 천 가지로 졸렬하나 밑바닥 없는 광주리가 있으니, 바라건대 여러분은 두 손으로 들어올려라.

무슨 까닭이겠는가?

조례가 있으면 그 조례에 의해야 하기 때문이니라.

圜悟勤 拈 擧一明三 是衲僧家尋常行履 雲岩 旣告往知來 藥山 亦不謬分付 崇寧 雖百醜千拙 有个沒底籃子 更望諸人 兩手提挈 何故 有條攀條

○ 목암충 선사가 이 칙을 들고 말하였다.

위산 선사에게도 다리 부러진 솥이 있어 사람들에게 들어올리고 들어내리라 했으나 까딱하지 않았다.

대중이여, 이미 들어올리고 들어내렸다면 어째서 까딱하지 않았는가? 만일 이렇지 않다면 어찌 본분의 지혜와 솜씨로 하는 바를 알리오.

牧庵忠 拈 潙山 亦有箇折脚鐺子 雖然 要人提上挈下 只是不得動着 大衆 旣是提上挈下 爲什麼不得動着 若不恁麼 爭知本分手段

☁ 개암붕 선사가 이 칙을 들고 이어 원오 선사가 "머리를 말할 때 꼬리를 알고 하나를 들면 셋을 밝힌다." 한 것을 들고 송하였다.

한 걸음에 한 걸음 더하면 더 넓고
한 번 얹음에 한 번 더 얹으면 더 높네
다리 부러진 솥을 들고서
아가타의 약[8]을 보시하네
수미산 만한 흙이라도 한 주먹 정도이고
넓은 바다도 반 표주박 물이라고 할거나
시원스럽게 파가를 부르면서
푸줏간 앞을 지나며 큰 뜻을 음미한다

介庵朋 擧此話 連擧圜悟云道頭知尾擧一明三 師頌云
一步闊一步
一着高一着
提折脚鐺兒
施阿伽陁藥
須彌土一撮
滄溟水半杓

8) 아가타의 약 : 무병약.

快活唱巴歌
過屠門大嚼

ⓒ 개암붕 선사가 다시 응암 선사가 "약산 선사는 머리를 이야기 했고 운암 선사는 꼬리를 알았다고들 한다. 비록 그러하나 머리니, 꼬리니 하는 것을 부끄러워할 줄 알기를 바란다." 한 것을 들고 말하였다.

약산 선사는 소금을 찾는데 운암 선사는 말을 대령했으니, 비록 머리를 말할 때 꼬리를 알기는 했으나 도리어 이야깃거리가 번성해지는 것을 면치 못했다. 알겠는가? 만일 모르겠다면 다시 한 게송을 들으라.

하나를 들면 셋을 밝힌다 해서 뛰어나다고 아첨할 것도 없으니
모름지기 들기 이전에 곧바로 먼저 알아야 하기 때문일세
도를 설하거나 물러남에 세상에 떨어지지 않으니
적에게 이기려면 사자새끼라야 하네

又擧應庵云 藥山 道頭 雲嵓 知尾 雖然頭尾相稱 要且不識羞恥 師云 藥山 索塩 雲嵓 奉馬 雖然道頭知尾 未免翻成話欛 會麽 若也不會 更聽一頌 擧一明三 未足奇 直須未擧便先知 行藏 不落時人後 敵勝 還他師子兒

 대원 문재현은 이 칙을 모두 듣고 나서 이르노라.

운전을 하면서 차를 찾고, 바느질을 하면서 바늘을 찾으면 사람들이 괴이하게 여긴다.

아침에는 세면하고 죽 먹었고
낮에는 손을 씻고 밥 먹었네
이때 나의 사미, 시봉, 잘 보게

333칙 곧바로 한 번 떠밀다

 본 칙

약산 선사에게 어떤 선승이 물었다.

"학인이 의심이 있으니, 스님께서 풀어주십시오."

선사가 말하였다.

"저녁 때에 오라. 풀어주리라."

저녁이 되어 대중이 모이자, 선사가 말하였다.

"오늘 의심을 풀어달라고 한 선승이 어디에 있는가?"

선승이 곧장 나오자, 선사가 자리에서 내려와 붙들고 말하였다.

"대중이여, 이 선승이 의심이 있단다."

이어서 곧바로 한 번 떠밀고는 방장으로 돌아갔다.

藥山 因僧問 學人 有疑 請師決疑 師云 待晚間來 爲汝決 至晚衆集 師云 今日要決疑僧 何在 僧 便出來 師下座把住云 大衆 者僧有疑 便與一推 却歸方丈

☁ 현각 선사가 추궁하였다.

말해 보라. 그를 위해 의심을 풀어주었는가? 풀어주었다면 어디가 의심을 풀어준 곳인가? 만일 의심을 풀어주지 않았다면 다음에 상당해서 그대의 의심을 풀어주리니 기다려야 하리라.

玄覺 徵 且道 與伊決疑否 若決疑 甚麽處是決疑 若不與決疑 又道待上堂時與汝決疑

ꩰ 취암지 선사가 이 칙을 들고 말하였다.

약산 선사가 그렇게 의심을 풀어준 것이 흙에다 진흙을 보탠 격이다. 비록 그러나 그 선승은 약산 선사를 어겨서는 안 된다.

翠嵓芝 拈 藥山與麽決疑 土上更加泥 雖然如是 這僧 也不辜負藥山

☁ 대홍은 선사가 이 칙을 들고 말하였다.

약산 선사가 비록 의심을 잘 풀어주었으나 그 선승의 의심이 더욱 깊어진 것이야 어찌하랴? 대홍의 문하에도 의심을 풀어주기 바라는 납자가 있는가?
날씨가 이미 저물었으니, 제각기 방으로 돌아가라.

大洪恩 拈 藥山 雖善能決疑 爭奈這僧疑情 轉甚 大洪門下 還有要決疑底衲僧麼 日勢已晚 各請歸堂

 대원 문재현은 이 칙을 모두 듣고 나서 이르노라.

약산 선사가 아니고서야 이런 자비 드물 것일세.

어진 마는 채찍 들면 이미 가고
영가 대사는 '동' 하면 '서' 알았네
약산 선사의 자비를 알겠는가?

334칙 은 20냥을 보태어 보내다

 본 칙

약산 선사가 어떤 선승에게 밖에 나가서 인연 따라 화주를 하라고 했더니, 그 선승이 먼저 산문 밖에 나가서 감지 행자의 집으로 갔다. 감지 행자가 물었다.

"스님은 어느 절 화주이십니까?"

선승이 대답하였다.

"약산에 있소."

감지 행자가 다시 물었다.

"그러면 약이라도 좀 가지고 오셨습니까?"

선승이 대답하였다.

"행자는 무슨 병이 있으시오?"

감지 행자가 은 20냥을 가져다 주니, 그 선승이 받아가지고 얼른 약산으로 돌아갔다. 이에 감지 행자가 그 아내에게 말하였다.

"약산에 기특한 사람이 있다면 은이 되돌아 올 것이며, 기특한 사람이 없다면 은이 되돌아오지 않을 것이오."

그 선승이 바로 약산으로 돌아오니, 약산 선사가 얼른 물었다.

"어찌 그리 빨리 돌아오는가?"

선승이 말하였다.

"불법의 위력이 대단했습니다."

약산 선사가 말하였다.

"무슨 일이 있었던가?"

선승이 앞의 일을 자세히 이야기하자, 약산 선사가 말했다.

"그대는 얼른 그 은을 그에게 돌려 보내주어라."

그 선승이 은을 가지고 감지 행자의 집으로 돌아가니 감지 행자가 그의 아내에게 말하였다.

"약산에도 기특한 사람이 있었군요."

다시 은 20냥을 보태어 약산으로 보냈다.

藥山 要請一人化主 出外緣化 其僧 才出門首 至甘贄行者家 行者便問 上人 是甚處化主 僧云 藥山 行者云 還將得藥來麽 僧云 行者有甚病 行者 乃將銀子二十兩 與這僧 其僧 得銀便歸藥山 行者乃謂妻曰 藥山 若有奇特之人 銀子 却更送來 若無奇特之人 銀子 則不送來 其僧 果至藥山 師便問 何歸大速 僧云 佛法相當 師云 有何事 僧 遂擧前因緣 師云 汝急送銀子去還伊 其僧 又送銀子 至行者家 行者乃謂妻曰 藥山 却有奇特之人 便添銀子二十兩與藥山

☁ 동안 선사가 대신 말하였다.

일찍이 행자가 이렇게 물을 줄 알았다면 약산에서 왔다는 말은 하지 않았을 것이다.

同安 代 早知行者恁麼問 終不道藥山來

ஐ 지해청 선사가 상당하여 이 칙을 들고 말하였다.

괴이하구나! 여러 선덕들이여, 감지 행자는 손님노릇만 할 줄 알고 주인노릇은 할 줄 몰랐으며, 약산 노인은 주인노릇만 할 줄 알고 손님노릇은 할 줄 몰랐다.

나고 죽기에 능숙하여, 진(眞)을 바로잡고 속(俗)을 인도하는 데 있어서는 그 화주승이어야 하리니, 무슨 까닭이겠는가?

사자의 굴에는 다른 짐승이 없고, 코끼리가 다니는 곳에는 여우의 자취가 끊어졌다.

(선상을 치다.)

智海清 上堂擧此話云 奇怪 諸禪德 甘贄行者 只解作賓 不解作主 藥山老人 只解作主 不解作賓 善能出生入死 匡眞導俗 却還這化主僧 何謂也 師子窟中 無異獸 象王行處絶狐蹤 擊禪床

◌ 취암종 선사가 이 칙을 들고 말하였다.

감지 행자가 한 쪽 눈을 바꾸기는 했으나 두 개의 눈동자를 잃었나니, 화주는 그물을 펴고 고기를 기다리다가 마주보면서 바닥부터 끌어당기는 수단이 있어야 하는 줄 몰랐고, 약산 선사는 비록 면밀하게 감별하여 어긋남이 없으나 콧구멍이 다른 사람의 손아귀에 든 것을 어찌하랴? 그때에 은을 돌려보내지만 않았더라도 감지 행자뿐 아니라 설사 조사가 몸소 와서 약산 선사를 보려 해도 늦었다 늦어.

翠嵓宗 拈 甘贄 雖然換得一隻眼 失却兩箇睛 殊不知化主 布網待魚 有當面白拈底手段 藥山 雖則精鑑不差 爭奈鼻孔 在別人手裏 當時但不送銀還他 莫道甘贄 設使祖師親來 要見藥山 且緩緩

 대원 문재현은 이 칙을 모두 듣고 나서 이르노라.

감지 행자의 말이 떨어지자마자 "그러시다면 외상은 안 하시겠지요?" 해서 만약 "약을 주시기나 했습니까?" 하면 "흙덩이나 쫓는 한나라의 개를 면치 못했구나." 하면서 쳤어야 했다.

약을 가져 오셨소? 할 때에
위산이요, 약산이요? 하시지
여기저기 수고롭게 하였군

335칙 구름은 하늘에 있고, 물은 병에 있다

 본 칙

약산 선사에게 낭주 자사 이고가 물었다.

"어떤 것이 도입니까?"

선사가 손으로 위와 아래를 가리키면서 말하였다.

"알겠는가?"

이고가 대답하였다.

"모르겠습니다."

선사가 말하였다.

"구름은 하늘에 있고, 물은 병에 있느니라."

이고가 다음과 같은 게송을 바쳤다.

몸을 연마하여 학과 같이 됨이여
천 그루 솔 밑에 두어 권의 경일세
내가 와서 도를 물으니 다른 말 없이
구름은 하늘에 있고, 물은 병에 있다 하네

藥山 因朗州刺史李翶問 如何是道 師以手指上下曰 會麽 翶曰 不會 師曰 雲在靑天水在甁 翶乃呈偈曰

鍊得身形似鶴形

千株松下兩函經

我來問道無餘說

雲在靑天水在甁

☁ 대홍은 선사 송

길거리에서 서로 만났건만 서로 알지 못함이여
구름과 물, 유유하여 일정한 자취 없네
그대 비록 부귀하여 백 천 가지 있더라도
가난한 나의 집의 밝고 밝음 같으랴

大洪恩 頌
陌路相逢不相識
雲水悠悠無定迹
饒君富貴百千般
爭似儂家窮的的

☁ 천동각 선사 송

구름은 하늘에 있고, 물은 병에 있다 함이여
몇 사람이나 저울눈을 잘못 알았을까
약산 선사가 여덟 팔 자로 활짝 열어놓으니
지금껏 그 이야기 널리 퍼졌네

天童覺 頌
雲在靑天水在甁
幾人錯認定盤星
藥山八字轟開也
恰到如今話大行

○ 무진 거사 송

구름은 하늘에 있고, 물은 병에 있다 함이여
눈빛이 가리키는 곳을 따라가면 깊은 구덩이에 떨어지네
계곡의 꽃, 서리바람의 고통을 못 견디어
깊고 깊은 바다로 간다고 말을 하네

無盡居士 頌
雲在青天水在甁
眼光隨指落深坑
谿花不耐風霜苦
說與深深海底行

ꩰ 천의회 선사가 이 칙을 들고 말하였다.

여러 선덕들이여, 도가 먼 곳에 있는가? 어느 문을 향하여 구하려 헤아리는가.

호수 빛은 흐르는 일만 물결에 빛나고, 흩어진 산의 천 봉우리 푸른 빛이 줄을 이었다.

바닷가에 다다른 이거든 사공에게 묻지 말고, 높은 산을 바라본 이거든 구름의 작용에 떨어지지 말라. 온갖 처소가 각성의 동쪽이요, 온갖 곳이 보광명 도량이다. 전단 누각이 없는 곳이 없고, 7처와 9회가 오늘 여러분과 함께 동참한다.

天衣懷 擧此話云 諸禪德 道遠乎哉 擬何門而趣向 湖光 流萬頃波瀾 亂山 列千峯寒色 臨海岸者 莫問船師 望高山者 德雲不下 一切處 覺城東畔 一切處 普光明道場 栴檀樓閣 無處不周 七處九會 今日共諸人一時叅畢

ↀ 불타손 선사가 이 칙을 들고 말하였다.

약산 선사가 사람을 위하는 방편은 없지 않았으나, 너무나 심하게 멀리 돌았음을 어찌하랴. 백운은 오늘 그렇게 하지 않으리니, 홀연히 어떤 이가 "어떤 것이 도입니까?" 한다면, 그에게 다만 이렇게 말하리라.

구름은 봉우리에 머물러 걷히지 않고, 물은 개울을 흐르면서 몹시도 바쁘구나.

佛陁遜 拈 藥山 爲人方便 卽不無 爭奈迂廻大甚 白雲 今日 卽不然 忽有人問 如何是道 但向他道 雲在嶺頭閑不徹 水流澗下大忙生

곤산원 선사가 상당하여 말하였다.

큰 붕새가 날개를 한 번 치면 어찌 9만 리의 먼 길 뿐이랴만, 참새가 날개를 팔딱거리면 겨우 울타리 아래를 덮는다. 그러나 방위를 지음에 멀고 가까움이 있어도 날개를 치는 것엔 다름이 없다. 큰 도는 일승(一乘)에 근본을 두고 있건만, 근기에 우열이 있음에야 어찌하랴?

옛 일을 기억하건대 이상공이 약산 선사에게 물어서 '물은 병에 있다' 한 곳에 이르러 상공이 이에 깨달은 바 있어, 약산 선사에게 게송을 바쳤으니 이 게송은 고금이 다 아는 바이다.

모든 사람들을 대개의 존숙이 세 가지 등급으로 제접하는데 상공 같은 이는 몇 째 등급에서 깨달았을까? 만일 분명히 알면 그대들이 친히 약산 선사를 봤다고 허락하리라.

(크게 깔깔 웃고 자리에서 내리다.)

崑山元 上堂云 大鵬一擊 何啻九萬程途 鷰雀 翶翔 只在藩籬之下 然 造方 有遠近 且鼓羽而不殊 大道 本乎一乘 其奈機有優劣 憶昔李相公 問藥山 至水在缾 相公 於是 有投機頌呈藥山 此頌 今古皆知 諸仁者 大凡尊宿 皆以三等接人 只如相公 當時 於第幾句中薦得 若或知其端的 許儞親見藥山 師乃呵呵大笑 便下座

ℰ 육왕불지 선사가 상당하여 이 칙을 들고 말하였다.

만일 구름은 하늘에 있고 물은 병에 있다는 견해를 짓는다면 단지 한쪽 눈만을 가진 것이니 약산 선사도 알지 못할 것이며 자기도 밝히지 못할 것이요, 만일 구름은 하늘에 있고 물은 병에 있다는 견해를 짓지 않더라도 역시 약산 선사를 알지 못하고 자기도 밝히지 못한 이다.

이 두 가닥을 떠나서 어찌해야 바로 깨닫겠는가? 알겠는가?

티끌 같이 많은 세계가 몽땅 손아귀에 들어왔느니라.

育王佛智 上堂擧此話云 若作雲在靑天水在甁會 只具一隻眼 不識藥山 未明自己 不作雲在靑天水在甁會 亦不識藥山 未明自己 去此兩頭 作麽生是直截處 還會麽 塵刹 全歸掌握中

ᢁ 자항박 선사가 상당하여 이 칙을 들고 말하였다.

약산 선사가 이렇게 보여주었고, 상국이 그렇게 대꾸했으니, 가히 드러내 보임에 사사로움이 없고, 대하여 드날림에 표준이 있다 하겠으나, 점검하여 보건대 마치 능히 비추기는 하나 능히 쓰지는 못하는 것 같도다.

慈航朴 上堂擧此話云 藥山 恁麽垂示 相國 恁麽承當 可謂覿露無私 對揚有準 檢點將來 大似能照不能用

 대원 문재현은 이 칙을 모두 듣고 나서 이르노라.

약산 선사의 자비를 알려면 한나라 개 신세를 면해야 한다.

한나라 개를 면하지 않고는 만 겁을 지날지라도 봉사를 면하기 어려울 것이다.

구름은 하늘에 멈춰있고
물병은 땅 위에 있음이여
천칠백 공안의 어머니요
불조가 같이 쓰는 보고일세
이 소식 드러난 일이라고
코스모스 합창해 웃는구나

336칙 계정혜

 본 칙

약산 선사에게 이고가 물었다.
"어떤 것이 계(戒), 정(定), 혜(慧)입니까?"
선사가 대답하였다.
"빈도에게는 그렇게 부질없는 살림이 없습니다."
이고가 그 현묘한 뜻을 헤아리지 못하자, 선사가 말하였다.
"태수가 이 일을 보림하려면 모름지기 높고 높은 산봉우리 위에 앉아 있고, 깊고 깊은 바다 밑을 가야 합니다. 안방의 일을 하나도 버리지 않고, 곧바로 누를 다합니다."

藥山 因李翺問 如何是戒定慧 師云 貧道這裏 無此閑家具 翺莫測玄旨 師云 大守欲得保任此事 直須向高高山頂坐 深深海底行 閨閤中物捨不得 便爲滲漏

☁ 지비자 선사 송

높고 높은 산봉우리 걸음 걸음 나아감이여
호랑이와 온갖 짐승, 누가 감히 다가서리
깊고 깊은 바다 밑을 유유히 걸음이여
큰 파도 일으키는 사나운 용도 돌아보지 않는다
하루 온종일 극칙이 분명하니
모든 부처님들은 깨달음 아닌 것이 없다네

知非子 頌
高高山頂步步進
虎狼百獸誰敢近
深深海底徐徐行
波濤不顧蛟龍獰
十二時中明極則
諸佛無非等閑得

ᔓ 운거간 선사의 문답

운거간 선사에게 어떤 선승이 물었다.

"옛사람이 '만일 이 일을 보림하려면 모름지기 높고 높은 산봉우리 위에 앉아 있고, 깊고 깊은 바다 밑을 가야 한다.' 한 뜻이 무엇입니까?"

선사가 대답하였다.

"높은 봉우리와 깊은 바다가 멀리 홀로 위태로운 것이, 그대의 안방은 보드랍고 따사로운 것과 같은가?"

그가 다시 물었다.

"총림에서 존귀하다는 쪽으로 논하기 좋아하는 이가 많은데 어떠합니까?"

선사가 대답하였다.

"대당(大唐)의 천자는 글자나 써서 일을 결단하지 않는다는 것을 그대는 알고자 하는가? 알겠는가? 홍각범의 찬(贊)에 '대양 명안이 일찍이 약산 선사의 말을 풀이하기를, 높고 높은 산 위여, 표해서 드러낼 수 없음이요, 깊고 깊은 바다 밑이여, 감추어 숨길 수 없느니라.' 하였다. 이에 그 후손들이 이어 받아들여 참 뜻을 묘하게 깨달았다 한다. 그러나 나의 말을 듣고 나면 마치 참 호랑이가 앞발을 세우고 앉아 포효함에 백 가지 짐승이 모두가 두려워 떠는 것과 같아 명안이 보여준 바는 배민의 호랑이[9]였다는 것을 깨닫게 되리라.

높고 높은 산 위에 서고
깊고 깊은 바다 밑을 간다
도인이 다니고 서는 곳을
티끌 세상에서 누가 감히 겨룰까
간격 없어 공(功)까지도 서지를 못함이여
그는 그대로 존귀한 몸이라
그대의 전도된 소망에나 대꾸하랴
마른 나무 가지마다 꽃이 핀다"

雲居簡 因僧問 古人云 若欲保任此事 直須向高高山頂立 深深海底行意旨如何 師云 高峯深海 逈絶孤危 似汝闉闍中軟暖麽 又問 叢林

9) 배민(裵旻)의 호랑이 : '태평광기(太平廣記)'에 다음과 같이 전한다. 배민이 용화군(龍華郡)의 군수가 되어 북평(北平)을 지키는데 북평은 호랑이가 많았다. 배민이 활쏘기를 잘하여 하루에 31마리의 호랑이를 잡았는데 호랑이 한 마리가 산 밑에서 사방을 두리번거리며 태연하게 있더니 돌연 한 늙은이로 변해서 말하기를 "그대가 31마리의 호랑이를 쏜 것은 모두가 진짜가 아니다. 북평의 개산(塏山) 밑에 가면 진짜 사나운 호랑이가 있다. 그대의 재주가 비록 뛰어나다 하나 그 호랑이는 쏘지 못할 것이다." 하였다. 그러자 배민이 말하기를 "나는 활을 잘 쏜다."라고 하면서 말을 달려 가보니 덤불 속에 과연 호랑이 한 마리가 뛰어나오는데 모양은 작으나 위세가 용맹스러운 것이 땅을 버티고 포효를 하니, 앞뒤의 바위가 울려 떨어져 활도 화살도 못 쓰고 위험을 면치 못하게 되었다. 이로부터 부끄러워하여 다시는 호랑이를 쏘지 않았다.

多好論尊貴邊 如何 曰 要汝知大唐天子不書斷 會麽 洪覺範贊 曰 大陽明安 嘗疏藥山之語 曰 高高山上 標不出 深深海底藏不沒 其兒孫遵承之 以爲妙得其旨 及聞雲居之言則如眞虎踞地而吼 百獸震恐 乃悟明安所示 盖裴旻之虎也 余作偈曰

高高山頂立
深深海底行
道人行立處
塵世有誰爭
無間功不立
渠儂尊貴生
酬君顚倒欲
枯木 一枝榮

 대원 문재현은 이 칙을 모두 듣고 나서 이르노라.

만약에 나에게 그러한 질문을 했다면 지체없이 "화로나 좀 가져오게." 했을 것이다. 그래도 살핌이 없으면 "화로를 제자리에 가져다 놓아라." 할 것이다. 알겠는가?

고개를 만나면 넘어가고
강물을 건너려면 배를 타며
시인과 어울리면 시 읊네

337칙 소가죽일지라도 꿰뚫어 보아야 하리라

 본 칙

약산 선사가 경을 보는데 어떤 선승이 물었다.

"화상께서 평소에 남들에게 경을 보지 못하게 하시더니, 어째서 몸소 경을 보십니까?"

선사가 대답하였다.

"나는 다만 눈을 가리기를 꾀할 뿐이니라."

"제가 화상의 것을 배우려는데 되겠습니까?"

"만일 그대가 이러려면 소가죽일지라도 꿰뚫어 보아야 하리라."

藥山 看經 有僧問 和尚 尋常不許人看經 爲什麽却自看 師云 我只圖遮眼 曰 某甲 學和尚得也無 師曰 若是汝 牛皮 也須看透

☁ 보녕용 선사 송

뉘라서 약산처럼 눈 가리기로 경을 볼꼬
소가죽일지라도 꿰뚫어야 한다는 말, 털끝이 오싹하네
5호와 4해에 아는 이 얼마나 되는가
글자는 빽빽하고 줄은 성그네

保寧勇 頌
遮眼誰同藥嶠看
牛皮穿透骨毛寒
五湖四海知多少
字密行疎揔一般

☁ 혼성자 선사 송

약산이 눈병을 경으로 가리려 한다는 말
능숙한 솜씨로 별비사[10]를 집어듦일세
망설이면 당연히 바로 한 번 물리리니
소가죽일지라도 꿰뚫어야 한다는 말, 지나치는 수가 삼대와 같네

混成子 頌
藥山眼病把經遮
妙手能拈鼈鼻蛇
擬議便須遭一口
牛皮穿過數如麻

---

10) 별비사(鼈鼻蛇) : 머리가 자라처럼 생긴 열대지방의 독사, 즉 코브라를 가리킨다. 설봉산은 열대지방에 가까운 복건성에 있었으므로 실제 그런 뱀들이 있었다고 한다. 설봉의존이 대중들에게 말했다. "남산에 코브라 한 마리가 있는데, 모두들 잘 보아 두도록 하여라." 장경혜릉이 답했다. "오늘 이 법당 안에 큰 사람이 있는데, 몸이 상하고 목숨을 잃었다." 현사가 말했다. "남산까지 갈 필요가 뭐 있겠느냐." 운문문언 화상은 그때 주장자를 설봉의존의 면전에 던지며 뱀이 있다고 두려워하는 시늉을 해 보였다.

◌ 장경 선사가 말하였다.

눈에 무슨 허물이 있으리오.

長慶云 眼有何過

ꩰ 현각 선사가 추궁하였다.

말해 보라. 장경 선사가 약산 선사의 뜻을 알았겠는가, 몰랐겠는가?

玄覺 徵 且道 長慶 會藥山意 不會藥山意

☁ 대홍은 선사가 이 칙을 들고 말하였다.

경을 보는 것은 다만 눈을 가리려 함이라지만 눈으로 또한 동쪽, 서쪽을 두루 보아야 된다.

말해 보라. 장차 눈썹과 콧구멍은 어떻게 쓰려는가?

두건 밑의 옛날에 근심하던 사람이 원래 이것임을 누가 알겠는가.

大洪恩 拈 看經 秖要遮眼 眼亦要東看西看 且道 眉毛鼻孔 要將何用 誰知席帽下 元是昔愁人

ꩲ 취암종 선사가 이 칙을 들고 말하였다.

참 마음이 움직이지 않으면 가르침의 바다가 맑을 것이요, 활용함이 이러-하고 이러-하면 법도의 하늘이 밝게 빛나리라. 이럴 때를 당하여 말해 보라. 경인가, 눈인가?

만일 여기에서 분명하게 사무쳐 보면, 더 이상 글줄을 들어 말하거나 돌아다니며 찾아 허망을 좇음으로써 참을 잃어버리지 않겠지만, 만일 그렇지 않다면 소가죽을 꿰뚫는 것은 고사하고라도 해골이 들판에 두루한들 몇 사람이나 알겠는가.

翠嵒宗 拈 眞心 不動 教海澄明 得用如如 義天 炳煥 正恁麼時 且道 是經 是眼 若向這裏 見得徹去 更不用尋行數墨 逐妄迷眞 其或未然 牛皮穿透 猶自可 髑髏遍野幾人知

 대원 문재현은 이 칙을 모두 듣고 나서 이르노라.

"제가 화상의 것을 배우려는데 되겠습니까?" 할 적에 이 사람이라면 경책을 들어 보였을 것이다.

경에 무슨 허물이 있으며
눈에 무슨 허물이 있겠는가
소가죽도 설법을 잘도 하네

338칙 저것을 가져와 보십시오

 본 칙

약산 선사가 준 포납이 부처님을 씻는 것을 보고 물었다.

"그것은 그대 마음대로 씻어도 좋지만 저것도 씻을 수 있겠는가?"

준 포납이 대답하였다.

"저것을 가져와 보십시오."

선사가 그만두었다.

藥山 因見遵布衲洗佛 乃問 遮介 從汝洗 還洗得那介麽 遵曰 把將那介來 師乃休

☁ 장경 선사가 말하였다.

삿된 법은 도와주기 어려우니라.

長慶云 邪法 難扶

ꩰ 현각 선사가 추궁하였다.

말해 보라. 장경 선사가 그렇게 말한 것이 손님 쪽에서 살펴야겠는가, 주인 쪽에서 살펴야겠는가? 대중에서는 부처님을 씻는 이야기라고도 하고, 혹은 둘러서 아울러 포섭하는 이야기라고도 하니, 말해 보라. 매우 좋은 말인가, 매우 좋은 말이 아닌가?

玄覺 徵 且道 長慶恁麽道 在賓 在主 衆中喚作洗佛語 亦云 兼帶語 且道 盡善 不盡善

☁ 대홍은 선사가 이 칙을 들고 말하였다.

애석하구나! 애썼으나 공(功)이 없도다. 무엇을 저것이라 하는가? 그때에 다만 구정물을 머리에 퍼부었어야 했을 것이다. 만일 이와 같이 했더라면 약산 선사의 번뇌 망상을 끊어버릴 뿐 아니라 뒷사람들의 입술에 오르내리는 것을 면했을 것이니라.

大洪恩 拈 可惜勞而無功 說什麽這箇那箇 當時 但以惡水 劈頭潑 若能如是 非唯劃斷藥山葛藤 亦免掛後人唇吻

☙ 황룡남 선사가 부처님을 씻기는 날에 상당하여 이 칙을 들고 말하였다.

옛사람이 때에 따라서 한 한 마디, 반 구절이 그다지 묘한 것도 없거늘 요새 사람들은 마음의 힘을 다 써서 맞추려 한다. 그러나 끝내 그 경지에는 이르지 못하는구나.

대중 가운데서는 헤아리기를 "그것이란 구리불상이요, 저것이란 법신이다. 구리불상은 형체가 있으니 씻을 수 있거니와, 법신은 모습이 없으니 어떻게 씻겠는가? 약산 선사는 하나만 알고 둘은 알지 못해서, 준공에게 밀려 쓰러져서 당장에 입이 납작해져서 부끄러움을 이기지 못했다." 하고, 어떤 이는 "옛 성인들이 질문을 던진 뜻은 사람들을 점검코자 그에게 저것을 물었을 뿐인데 곧 저것을 가져와 보라고 답하니 바로 이것이 소리와 색을 따라 남의 말 구절이나 씹으면서, 다른 이의 권역에서 놀아난 것이다."라고 한다.

"약산 선사가 그가 알지 못하므로 그만두었다." 하며, 또 어떤 이는 "약산 선사가 이같이 한 것은 일찍이 일 없는데 일을 일으킨 것이니 살을 도려내어 상처를 내는 격이요, 준공은 흠이 난 것을 보지 못하고 상처난 흉터 위에 뜸을 뜬다고 재차 쑥을 태우는 격이다." 하며, 또 말하기를 "옛사람이 깨달은 뒤에는 마당을 만나면 놀이를 벌렸으니, 옳음도 옳지 않음도 없는데, 높고 낮음이랴. 서로서로가 알고 있거늘 공연히 뒷사람들이 억지로 분별을 내는구나."라고 하였다.

이와 같은 해석은 대체로 사람을 만나지 못해서 한 번 그 근원을 잃은 뒤엔 미혹하여 회복하지 못하므로, 다만 의식과 마음으로 생각하고 헤아림으로써 종승(宗承)을 대적하려 한 것이니, 도대체가 지음이 있는 생각은 마음 일으킴을 쫓은 바라, 이런 생각으로 부처님 경계를 분별하면 마치 반딧불로 수미산을 태우려는 것 같아서 진겁(塵劫)을 지내더라도 끝내 능히 이르를 수 없음을 전혀 알지 못하기 때문이다.

그러므로 행각하는 높은 사람들은 절대 모름지기 스스로 살펴 삼가야 하리라.

위로부터의 일에 어찌해야 일치하겠는가? 끝내 무엇으로써 생사를 대적하려는가? 별 것 아닌 거칠고 붕 뜬 식견을 받아들여 스스로 장애를 만드니 불법은 그런 도리가 아니니라.

동안이 오늘 구업을 피하지 않고, 여러분에게 설파하리라.

이 두 존숙이 나고 들어감에 이기고 지는 것을 볼 수가 없다. 30년 뒤에 잘못 이야기하지 말라.

黃龍南 浴佛 上堂擧此話云 古人 隨時一言半句 亦無巧妙 今人 用盡心力安排 終不到他境界 衆中 商量 或云 遮介 是銅像 那介 是法身 銅像 有形 可以洗滌 法身 無相 如何洗得 藥山 只知其一 不知其二 被遵公靠倒 直得口似匾擔 不勝懡㦬 又云 古聖垂問 只要驗人 問

汝那介 便道把將那介來 正是隨聲逐色 畝他言句 上他圈繢 藥山 見伊不會 所以便休 又道 藥山 恁麽來 早是無事起事 好肉上剜瘡 遵公不見來病 却向灸瘡瘢上 更着艾焦 有云 古人 得了 逢場作戱 無可不可 何高何低 彼此知有 自是後人 强生分別 如前所解 盖不遇人 一失其源 迷而不復 所以 只憑識心思量計校 以當宗乘 殊不知有作思惟從有心起 用此思惟 辨於佛境 如取螢火 燒須彌山 縱經塵劫 終不能着 是故 行脚高人 切須自看 從上來事 合作麽生 畢竟 將何敵他生死以少許浮麤識見 自作障礙 佛法 不是遮介道理 同安 今日 不避口業與汝諸人 說破 此二尊宿 一出一入 未見輸贏 三十年後 不得錯擧

ꩦ 앙산위 선사가 이 칙을 들고 말하였다.

이 이야기를 제방에서 매우 많이 헤아려 분별하는데, 앙산이 그대들을 위해 집어들어 드러내리라.

까마귀와 까마귀가 뱀을 쪼니 두 끝이 꿈틀하고, 해오라기가 독수리를 산 채로 삼키니 백설 같은 비늘이로다.

仰山偉 拈 此語 諸方 有多少商量 仰山 爲儞拈出 鵶銜烏蛇兩頭動 鷺鷲活呑 白雪鱗

☁ 원오근 선사가 이 칙을 들고 말하였다.

약산 선사가 물은 곳은 어둠을 가르는 중한 관문이요, 준공이 대답한 곳은 한 망치에 두 곳을 감당했다. 단지 한쪽 길만을 지키는 것이 아니니라.

혹 어떤 이가 숭녕에게 "그것은 씻을 수 있지만 저것도 씻을 수 있겠소?" 한다면, 표주박을 들어올리고서 그에게 "어떠한가?" 하리라.

圜悟勤 拈 藥山問處 闇隔重關 遵老答來 一槌兩當 不可只守這一路也 或有問崇寧 只浴得這介 還浴得那介麽 提起杓子向伊道 何似生

☁ 육왕심 선사가 이 칙을 들고 말하였다.

백 자의 장대 위에서 걸음을 걸을 줄 아나, 평지의 풀밭에서 몸 뒤집을 줄은 모르는구나. 그가 "저것을 갖다 주시오." 할 때에, 왜 "구름은 산머리에 머물러 걷히지 않는구나." 하지 않았던가?

育王諶 拈 百尺竿頭雖能進步 平田淺草 不解翻身 當時 見他道把將那介來 何不道雲在嶺頭閑不徹

☁ 백운병 선사가 상당하여 이 칙을 들고 말하였다.

묻는 이는 근본을 다하고 근본을 다했으며, 대답한 이는 못을 베고 쇠를 끊었다. 비록 쪼고 깨는 것이 동시이기는 하나, 아직 원만히 이루지 못했느니라. 알고자 하는가?

그것이니, 저것이니 행여라도 쪼개어 부수려 말라.

물이 늘면 배가 높아지고, 진흙이 많으면 부처가 커지느니라.

白雲昺 上堂擧此話云 問者 窮根極本 答者 截鐵斬釘 雖然啐啄同時要且不能圓就 要會麽 這介這介 切忌擘破 水長船高 泥多佛大

 대원 문재현은 이 칙을 모두 듣고 나서 이르노라.

한 분은 자비가 지극하고, 한 분은 어진 말을 능가했으나, 한 관문 밖에 있는 분들이라고 지적하지 않을 수 없다.

산은 산, 물은 물로 부르지만
베풀어 내는 것도 아닌데
그런 말 어디서 얻었는고

무엇을 더 이르란 말인가
이렇게 이르는 풍간 앞엔
유마 경지 아니라면 입 못 여네

창공에 백로는 자질하고
영산강 청둥오리 떠있네, 에
삼삼은 뒤집어도 구임을

339칙 숫소가 벌써 새끼를 낳았습니다

 본 칙

약산 선사가 야참 때에 등불을 켜지 않고 설법하였다.

"나에게 한 마디 할 말이 있으니, 숫소가 새끼를 낳거든 그대들에게 일러주리라."

이때 어떤 선승이 말하였다.

"숫소는 벌써 새끼를 낳았거늘, 화상께서 말씀하지 않으실 뿐입니다."

약산 선사가 시자를 불러 등불을 가져오라고 하자 그 선승이 물러가 대중 속으로 들어갔다.

나중에 운암 선사가 동산 선사에게 이야기하였더니, 동산 선사가 말하였다.

"그 선승이 알았기에 다만 절하는 것을 긍정하지 않았을 뿐입니다."

藥山 夜叅 不點燈 垂語云 我有一句子 待特牛生兒 卽向汝道 時 有

僧曰 特牛已生兒也 秖是和尙 不道 師喚侍者 點燈來 其僧 便退入衆
雲嵓後擧似洞山 山云 者僧 却會 只是不肯禮拜

☁ 불안원 선사 송

송아지 낳은 도리, 서로 잘도 앎이여
양쪽 눈 사귐이여, 붉은 색에 남빛 같네
찾을 곳도 없거늘 불 들고 비출건가
모두들 대중울력이나 일시에 참여하라

佛眼遠 頌
犢牛生子頗相諳
兩眼通紅色似藍
把火照來無覓處
大家普請一時叅

ꕤ 투자청 선사가 소참법문을 할 때 이 칙을 들고 이어 동산 선사가 이 칙을 들어 말한 것을 들고 말하였다.

대중이여, 말해 보라. 어디가 그 선승이 알고 있는 도리인가? 만일 말할 수 있다면 가히 그 선승을 위해 복수를 해 주었다 하겠지만, 만일 이르지 못한다면 도리어 약산 선사에게 속임을 당하리라. 산승이 오늘 저녁에 수고를 아끼지 않고 여러분 앞에 송하여 설파하리라.

일구를 그 어찌 불조인들 알았다 하리
숫소가 새끼 낳은 일, 바로 지금이로세
어둠 속의 한 곡조는 비슷하게 닮았더니
등불 비춰 글을 손상하니 시가 아닐세

投子青 小叅 擧此話 連擧洞山拈 師云 大衆 且道 甚處是這僧知有底道理 若道得 可謂與這僧雪屈 若道不得 却被藥山謾 山僧 今夜 不惜眉毛 與諸人頌破 一句 那教祖佛知 特牛生子落今時 暗中一曲 依俙似 燈照殘文不是詩

☁ 취암지 선사가 이 칙을 들고 말하였다.

나는 그렇게 하지 않을 것이다. 송아지가 새끼를 낳았다고 그를 향해 말하지 않으리라. 왜 그런가? 그대 향해 이르라면 "어느 곳인데 왕 노사가 다시 친하게 하랴." 하리라.

翠嵓芝 拈 我則不然 犢牛生兒 也不向儞道 何故如是 若向儞道 何處 更有王老師

ꕤ 장산원 선사가 상당하여 이 칙을 들고 말하였다.

옛사람의 말이 어찌 그리 용이한가. 말해 보라. 천봉의 한 구절은 언제 가서야 모든 사람들에게 비슷하게나마 이야기하겠는가?
(깔깔 웃으면서 방장으로 돌아가다.)

蔣山元 上堂擧此話云 古人言 何容易 且道 天峯一句子 待甚時擧似諸人 乃呵呵大笑 歸方丈

☁ 고목성 선사가 상당하여 이 칙을 들고 이어 앞의 투자 선사의 송을 들고 시가 아니라는 데까지를 들고 말하였다.

여러분이여, 약산 선사의 문하가 덕으로써 교화하여 바람이 불면 풀이 눕듯 하고, 대단히 삼엄하여 물도 새어나가지 못할 정도라 하겠으나, 도를 제창하는 면에 있어서는 아직 비슷할 뿐이다.

그 선승은 비록 때와 계절을 알기는 했으나, 높은 봉우리 위의 어느 한 사람이 전혀 긍정치 않으니 어찌할 것인가.

앞의 투자 화상은 비록 종지를 잘 드날렸으나 뒷사람들의 입에 오르내림인들 면했는가? 성 상좌의 견처는 여러분들이 점검하는데 맡기겠거니와, 약산 선사의 한 구절은 온누리에 드는 사람 없음이여.

밤 달은 서쪽 봉우리에 잠기고, 청산은 봉우리가 보이지 않네.

보이지 않는다는 것은 어떤 도리인가?

(말없이 보이다가)

만고의 푸른 못에 허공의 달, 두 번 세 번 건져 보아야 비로소 알리라.

枯木成 上堂擧此話 連擧先投子頌 至不是詩 師云 諸仁者 藥山門下風行草偃 水泄不通 於唱道門中 猶較些子 這僧 雖則知時及節 爭奈

高峯頂上 有一人 大不肯在 先投子和尙 雖則發揚宗旨 還免得後人唇齒麼 成上座 見處 也要諸人點檢 藥山一句子 大地沒人擧 夜月 落西峰 靑山 頂不露 且作麽生說介不露底道理 良久云 萬古碧潭空界月 再三撈摝始應知

ↀ 광령조 선사가 이 칙을 들고 말하였다.

약산 선사가 곧 그렇게 즉석에서 들어 보였다고 하겠으나 역시 귀를 가리고 요령을 훔치는 격이요, 그 선승은 제법 어두움 속에서 소리를 잘도 낼 줄 알았으나 용의 머리에 뱀의 꼬리가 되었음을 어찌하랴? 산승에게도 한 구절이 있으니, 분명히 여러분들에게 일러주리라.

(말없이 보이다가)

첫째이니 잘못 이야기하지 말라.

廣靈祖 拈 藥山 雖然當場擧唱 也是掩耳偸鈴 這僧 頗能暗地作聲 爭奈龍頭蛇尾 山僧 也有 一句子 分明擧似諸人 良久云 第一不得錯擧

원오근 선사가 이 칙을 들고 이어 법등 선사가 "그때 등불을 찾을 필요가 없고 다만 그를 향해 낳은 것이 송아지인가, 암소인가 물어서 대신해 이르기를 '쌍으로 낳았다.' 했어야 했다." 한 것을 들고 말하였다.

약산 선사가 낚시를 드리운 뜻은 고래에 있었는데 그 선승이 낚시를 삼키어 삼천의 물결이 거세졌네. 동산 선사의 안목이 바르니, 천 리에 동일한 가풍이요, 법등 선사는 창검과 깃발을 다시 정돈하여, 갑옷과 투구를 거듭 갖춰 입었다 하겠다.

비록 그러나 산승은 그렇게 하지 않으리라. 협산에게도 한 구절이 있으니, 위음왕 부처님 이전에 벌써 여러분들에게 말했느니라.

혹 어떤 이가 "밝음과 합하는가, 어두움과 합하는가?" 묻는다면, 그에게 "용이 물을 얻을 때에 의기가 더하고, 범이 산을 만나면 용맹한 위세가 커진다."라고 하리라.

圜悟勤 擧此話 連擧法燈云 當時 不要索燈 但問他道 生底是犢牛兒牸牛兒 又代云 雙生也 師云 藥山 垂釣意在鯤鯨 這僧 呑鉤 三千浪激 洞山眼正 千里同風 法燈 重整鎗旗 再裝甲冑 雖然如是 山僧則不然 夾山 有一句子 威音王已前 與諸人道了也 或有問明頭合暗頭合只對他道 龍得水時添意氣 虎逢山色長威獰

ↀ 운문고 선사가 보설[11]에서 말하였다.

약산 선사가 밤 사이 설법에 보이고 말하기를 "나에게 한 마디 할 말이 있으니"부터 그 선승이 대중으로 돌아갔다 한 곳까지를 나중에 법등 선사가 들고 "말해 보라. 낳은 것이란 거세한 숫소인가, 암소인가?" 하고, 스스로 대신 "쌍으로 낳았다." 하였으니, 알려면 언하에 바로 무생(無生)에 일치하여 하나가 되어야 한다.

약산 선사가 "나에게 한 마디 할 말이 있으니, 숫소가 새끼를 낳아야 말해 주리라." 하니, 그 선승이 알아듣고 나서서 "숫소는 벌써 새끼를 낳았거늘, 화상께서 말씀하지 않으실 뿐입니다." 하였으니, 이는 면밀하면서도 송곳 끝을 드러내지 않음이라 하겠다.

법등 선사가 밝히기를 "쌍으로 낳았다." 하니, 역시 다만 언하에 무생에 일치하여 하나가 되어야 한다.

그가 스스로 "낳았다는 것은 거세한 숫소인가, 암소인가?" 묻고, 이어 스스로 대신 "쌍으로 낳았다." 하니 조금도 어긋남이 없다. 부처의 눈으로도 엿볼 수 없거늘, 장차 이런 등속의 말이라야 분명함으로 분명함을 부수어 송곳 끝을 드러냄이 없이 하고 기력을 소비함이 없이 하나가 되게 하는 것이다.

---

11) 보설(普說) : 선가의 설법으로 널리 정법을 설하여 중생에게 열어보인다는 뜻.

雲門杲 普說云 如論藥山 夜間示衆云 我有一句子至其僧便歸衆 後來法燈 出語云 且道 生底是牯牛 是牸牛 自代云 雙生也 商量時 亦作言下合無生會 藥山云 我有一句子 待特牛生兒 便是道了也 所以遮僧 領得 便出來道 特牛已生兒也 自是和尙 不道 直是綿密 不露鋒鋩 法燈 徵云 至雙生也 亦只作言下合無生會云 他自問牯牛 牸牛 乃自代云 雙生也 更無少剩 佛眼也覰不見 將此等語 作以的破的不露鋒鋩 不費氣力會云云

 대원 문재현은 이 칙을 모두 듣고 나서 이르노라.

약산 선사는 물론 여기에 거들었던 모두에게 한 방망이를 내리노라.

어미 새와 함께 함에 그림자 둘이 없네
이러-히 어울리는 봄경치 좋잖은가
구멍 없는 피리로 니나노나 부르세

340칙 일찍이 짊어진 적이나 있던가

 본 칙

약산 선사가 운암 선사에게 물었다.

"무엇을 하는가?"

운암 선사가 대답하였다.

"똥을 짊어지고 있습니다."

약산 선사가 가리키면서 말하였다.

"어디에?"

운암 선사가 말하였다.

"밝게 살피십시오."

약산 선사가 말하였다.

"이 누가 오고가는가?"

운암 선사가 말하였다.

"그는 동서도 없습니다."

약산 선사가 말하였다.

"어째서 그와 함께 다닌다고 하지 않는가?"

운암 선사가 말하였다.

"화상이시여, 그를 비방하시지 않는 것이 좋겠습니다."

약산 선사가 말하였다.

"그대는 그렇게 말하지 않았어야 했다."

운암 선사가 말하였다.

"화상은 어떠하십니까?"

약산 선사가 말하였다.

"일찍이 짊어진 적이나 있었던가?"

藥山 問雲嵓 作甚麽 嵓云 擔糞 師云 那箇聻 嵓云 在 師云 來去爲阿誰 嵓云 替他東西 師云 何不敎伊並頭行 嵓云 和尙 莫謗他 好 師云 儞不合恁麽道 嵓云 和尙 如何 師云 還曾擔麽

☁ 대홍은 선사가 이 칙을 들고 말하였다.

약산 선사의 그런 말이 함께한 말인가, 혼자서 길을 간 구절인가? 만일 누군가가 가려낸다면 그는 평생 동안에 하늘과 인간에서 제일인 똥을 짊어진 이라 하리라.

大洪恩 拈 藥山恁麽道 爲是並頭句 爲是獨行句 若人 辨得 許他一生於天上人間 擔糞第一

 대원 문재현은 이 칙을 모두 듣고 나서 이르노라.

만일 나에게 그런 물음이 있다면 지체 없이 "선사께서 그렇듯 꼭 같이 젊어지고 있답니다." 했을 것이다.

선사와 꼭같이 지고 있소
일상대로 말했으면 될 것을
구구하게 주고받고 하였네

341칙 몇 살인가

 본 칙

약산 선사가 어떤 선승에게 물었다.
"몇 살인가?"
선승이 대답하였다.
"일흔 두 살입니다."
선사가 다시 물었다.
"올해에 일흔 두 살이란 말인가?"
선승이 대답하였다.
"그렇습니다."
선사가 곧장 때렸다.

藥山 問僧 年多少 云七十二 師云 是年七十二那 云是 師便打

☁ 조산 선사의 문답

조산 선사가 말하였다.
“앞의 화살은 오히려 흉내내는 정도라면 나중의 화살은 깊은 곳을 쏘았다.”
어떤 선승이 물었다.
“어찌해야 그 방망이를 면하겠습니까?”
이에 선사가 말하였다.
“바른 왕명이 시행되니 제후는 길을 피하느니라.”

曹山云 前箭 猶似可 後箭 射人深 僧問如何免得此棒 山云 正勅 旣行 諸候避道

 대원 문재현은 이 칙을 모두 듣고 나서 이르노라.

봄이 오면 강남의 제비는 남을 향하고 기러기는 북녘을 향해 난다고 했지. 아이고, 아이고. 절통한지고….

만일 내게 그같이 물었다면
일흔살 하고도 두살이죠

일흔두살 이라고 했는가?
두살 하고 일곱살 입니다

이렇게 점잖은 일상으로
약산 선사의 심보를 들춰낼 걸

342칙 화살을 보아라

 본 칙

약산 선사에게 어떤 선승이 물었다.

"평평한 풀밭에 왕 사슴이 떼를 지어 다니는데 어찌해야 왕 가운데 왕을 쏘겠습니까?"

선사가 대답하였다.

"화살을 보아라."

선승이 벌렁 몸을 뉘어 쓰러지니, 선사가 소리쳤다.

"시자야, 끌어내라."

선승이 곧바로 도망을 치니, 선사가 말하였다.

"진흙덩이를 희롱했으니 무슨 결과가 있겠는가."

(설두현 선사가 "서너 걸음까지 살았더니 댓 걸음에서 죽는구나." 하였다.)

藥山 因僧問 平田淺草 麈鹿 成群 如何射得麈中麈 師云 看箭 僧便放身倒 師云 侍者 拖出 僧 便走 師云 弄泥團漢 有什麽限(雪竇顯云 三步雖活 五步須死)

설두현 선사 송

왕 중 왕을 그대가 보는 데서 취하여
한 화살 쏘니, 서너 걸음을 달렸네
댓 걸음에도 산다면 떼를 지어 호랑이도 쫓으리
바른 안목은 원래부터 사냥꾼에게 주어졌네

(큰 소리로)
화살을 봐라!

雪竇顯 頌
麈中麈君看取
下一箭走三步
五步若活成群趁虎
正眼從來付獵人
師高聲云
看箭

⊂⊃ 원오근 선사 송

사냥꾼에게 신기로운 화살이 있어서
왕사슴 중 왕사슴을 곧바로 쏘았네
화살을 쏘자마자 당장에 알게 되면
조계의 길이라도 도약해서 뛰어나리
몸 뒤집어 최고의 관문마저 밟아버리면
깜짝 사이 적을 이겨 무리를 놀래키리

圜悟勤 頌
獵人有神箭
射得麈中麈
箭下快承當
跳出曹溪路
翻身躍着上頭關
敵勝驚群瞥爾間

Ꞩ 대홍은 선사가 이 칙을 들고 말하였다.

약산 선사의 화살이 비록 백 번 쏘면 백 번 맞으나 맞았다고 해서 다 죽는 것은 아니다. 그 선승은 겨우 죽음 속에서 살아나려 했으나, 아직은 그렇게 갈 줄만 알았지 그렇게 올 줄은 몰랐느니라.

大洪恩 拈 藥山箭 雖百發百中 然 中者未必皆死 這僧 雖僅能向死中得活 要且秖解恁麽去 不解恁麽來

ꩅ 낭야각 선사가 이 칙을 들고 말하였다.

도적은 관문 밖을 벗어났는데 집안에서 “도둑이야!” 하고 있는 힘을 다해 외치는 격일세.

瑯琊覺 拈 賊出關門 家中呌屈

 대원 문재현은 이 칙을 모두 듣고 나서 이르노라.

싹수가 없는 나무에는 거름을 해도 효력이 없다고 했다.

화살을 보아라 할 적에
화살촉이나 보여 봐라
장부답게 한마디 못하고
송장 끌고 다닌 꼴을 보이다니
능행파가 보았으면 곡을 하며
가슴 한판 두드릴 뻔했구나

343칙 한바탕 좋은 곡조로구나

 본 칙

약산 선사가 어느 날, 고 사미가 암자에 살다가 돌아오면서 비를 만난 것을 보고 물었다.

"어디서 오는가?"

사미가 대답하였다.

"토굴에서 왔습니다."

약산 선사가 말하였다.

"몹시 젖었구나."

사미가 말하였다.

"북과 피리를 때리며 맞이할 것도 없습니다."

운암 선사가 말하였다.

"가죽도 없거늘 무슨 북을 치겠는가?"

도오 선사가 말하였다.

"북도 없거늘 무슨 가죽인들 친다 하리."

약산 선사가 말하였다.

"한바탕 좋은 곡조로구나."

藥山 因高沙彌住庵 一日 歸來値雨 師云 甚處來 彌云岔裏 師云 可殺濕 彌云 不打這鼓笛 雲嵓云 皮也無 打什麽鼓 道吾云 鼓也無 打什麽皮 師云 好一場曲調

౿ 단하순 선사 송

뜻하잖게 만남에 물음을 빌려서 말씀을 드리웠으나
지음자라 어찌 지금에 떨어지랴
달마의 집안이라 곡조에 범함없이
옥피리로 겁밖의 노래를 같이 하네

丹霞淳 頌
偶爾垂言借問伊
知音爭使落今時
胡家不犯宮商曲
玉笛同將劫外吹

◌ 열재 거사 송

북이랄 것도 가죽이랄 것도 없어서 소리랄 것이 없는데
삼경인 줄 알면서도 오경 종을 친다네
이 곡조는 마침 천상의 화답이니
인간에서 몇 차례나 들을 수 있을꼬

悅齋居士 頌
無皮無鼓亦無聲
解却三更打五更
此曲秖應天上有
人間那得幾回聽

 대원 문재현은 이 칙을 모두 듣고 나서 이르노라.

약산 선사야말로 눈 밝은 종사라 아니할 수 없다. 건드려야 할 때 건드려 보다, 그만두어야 할 때 그만둘 줄 아는 선지식을 만나기란 참으로 어려운 일 가운데 어려운 일인 것이다.

부처님 집안의 사람답게
구멍 없는 대금 불어 응함이여
고수 명창 한바탕 놂이로세

344칙 나는 일찍이 책장을 펴본 적도 없다네

 본 칙

약산 선사가 도오 선사와 이야기를 하던 끝에 말하였다.

"명계 노장이 전에 절찰사(節察使)를 지냈다 하더군."

도오 선사가 물었다.

"화상은 전에 무엇을 하셨습니까?"

이에 선사가 대답하였다.

"나는 절름절름 비실비실, 거듭 이렇게 세월을 보낼 뿐이었지."

도오 선사가 다시 물었다.

"어째서 그렇습니까?"

선사가 대답하였다.

"나는 일찍이 책장을 펴본 적도 없다네."

(석상 선사가 대신 말하였다.

"책장을 펴본 적도 없다니…..")

藥山 與道吾和尙 說茗溪老 上世 曾爲節察來 吾云 和尙 上世曾爲

什麽來 師云 我痿痿羸羸 且恁麽過時 吾云 憑何如此 師云 我不曾展他書卷(石霜代云 書卷不曾展)

☁ 광령조 선사가 이 칙을 들고 말하였다.

대중들이여, 약산 선사만이 편 적이 없는 것이 아니다. 명계 조상의 가훈이 대단히 엄격하셨느니라. 그러나 도오 선사는 다그쳐 물을 줄도 몰랐으니, 오직 약산 선사만이 아니거늘 감히 책장을 펴본 적 없다곤들 하랴. 설사 용수 조사가 오더라도 더듬어 보기조차 못했으리라.

廣靈祖 擧此話云 大衆 不是藥山不展 爲他茗溪上世家訓大嚴 然 道吾 不解當頭問得 不唯藥山 不敢展他書卷 直饒龍樹祖師來也 摸㩳不著

 대원 문재현은 이 칙을 모두 듣고 나서 이르노라.

하, 하, 하.

그 이름 누가 지은 것인가
책장이란 그 이름도 괴이한데
편 적도 없다곤들 하겠는가

345칙 열반

 본 칙

약산 선사에게 어떤 선승이 물었다.
"어떤 것이 열반입니까?"
선사가 대답하였다.
"입을 열기 전에는 무엇이라 부르는가?"

藥山 因僧問 如何是涅槃 師云 未開口時 喚作甚麽

☁ 대홍은 선사가 이 칙을 들고 말하였다.

입 열기 전은 그만두고라도 지금 입을 열었으니, 무엇이라 부르겠는가? 요새 사람들이 간혹 입을 열기만 하고는 닫을 줄 모르기도 하고, 혹은 입을 닫기만 하고 끝내 열지를 못하니, 30년 후에 깨닫거든 이 이야기가 널리 퍼지도록 하여라.

大洪恩 拈 未開口時 且置 如今開口也 喚作什麽 今時人 往往祇知開口 要不能合 有處 祇解合口 竟不能開 三十年後 悟去 且放此話大行

 대원 문재현은 이 칙을 모두 듣고 나서 이르노라.

무엇을 열반이라 하고 무엇을 열반 아니라 하는가?

만약에 내 그 물음 받았다면
남산은 가까이도 있는데
북산은 아득도 하다 하리

346칙 칼소리

 본 칙

약산 선사가 운암 선사와 산놀이를 다니는데, 허리춤의 칼소리가 나니, 운암 선사가 말하였다.

"무슨 소리입니까?"

이때 갑자기 약산 선사가 쏜살같이 칼을 빼서 입을 찌르는 시늉을 했다.

藥山 與雲嵓遊山 腰間刀響 嵓云 什麽物 作聲 師便抽刀 驀口作斫勢

☁ 투자청 선사 송

큰 붕새[12] 짝 없이 바다를 건너고
새끼 거느린 사자 가니 뒤따르는 짐승 없네
곤륜으로 돌아오는 길을 범하니
한 포효에 구름을 삼키고 만상을 베풀어 내는구나

投子青 頌
大鵬無伴過天池
師子將兒絶後隨
崑崙觸犯歸行路
一吼吞雲萬象馳

---

12) 붕새 : 크기가 수천 리에 달하며, 한 번에 9만리를 난다는 상상의 새.

☁ 어느 노숙의 문답

어떤 선승이 어느 노숙에게 물었다.
"갑자기 달려들어 입을 찌르려고 한 뜻이 무엇입니까?"
노숙이 대답하였다.
"감히 거기에는 드러날 머리도 없느니라."

僧 問老宿 驀口斫意作麼生 老宿云 不敢向這裏出頭

 대원 문재현은 이 칙을 모두 듣고 나서 이르노라.

번갯불에 옥과 돌을 가려내는 지혜인들 이보다 더하랴.

꿈이니 환이니 하는 그게
전능한 덕의 빛 누림임을
사제지간 꽃피움이 좋구나

347칙 한쪽 다리를 아래로 드리우다

 본 칙

장자 광 선사가 석두 선사에게 참배하니, 석두 선사가 물었다.

"어디서 오는가?"

장자 선사가 대답하였다.

"영남에서 옵니다."

석두 선사가 물었다.

"영남의 한 부처님이 공덕을 성취하였는가?"

장자 선사가 대답하였다.

"성취한지는 오래입니다만 점안을 못했을 뿐입니다."

석두 선사가 다시 물었다.

"점안해 주기를 바라는 것이 아닌가?"

장자 선사가 말하였다.

"그렇습니다."

석두 선사가 한 쪽 다리를 아래로 드리우니, 장자 선사가 절을 하였다. 이에 석두 선사가 물었다.

"그대는 어떤 도리를 보았기에 절을 하는가?"

장자 선사가 대답하였다.

“저의 소견으로는 마치 이글거리는 화로 위에 한 점의 눈과 같습니다.”

長髭曠禪師 叅石頭 頭問 什麽處來 師曰 嶺南來 頭曰 嶺南一尊功德 還成就 也未 師曰 成就久矣 只欠點眼在 頭曰 莫要點眼麽 師曰 便請 頭垂下一足 師禮拜 頭曰 汝見什麽道理 便禮拜 師曰 據某甲所見 如洪爐上一點雪

ꩠ 천동각 선사 송

영남 고개의 공덕을 점안함이여
걸터앉은 채 대수롭지 않게 발 드리웠네
이글거린 화로에 한 점의 눈이라 함이여
곧바로 가없어 의지할 곳 없었네

天童覺 頌
嶺頭功德眼
倦足等閑垂
洪爐一點雪
直下廓亡依

◌ 보녕용 선사 송

단번에 펼친 대자대비 천수천안이여
광채도 발하기 전에 온전히 원만했네
붓끝에 나타난 신통을 그대 보는가?
다시 신령한 자취 있으니 천계엔들 있다 하랴

保寧勇 頌
一鋪大悲千手眼
十分圓就未開光
君看筆下神通現
更有靈蹤在上方

☁ 불인청 선사 송

장자가 영남에서 오기 이전에
안목 이미 열려서 공덕까지 성취했네
선재가 머리를 돌린 곳에 잘 있으니
문수는 원래가 누대를 떠나지 않았네

佛印清 頌
長髭未向嶺南來
功德圓成眼已開
珎重善財廻首處
文殊元不離樓臺

ꕤ 숭승공 선사 송

장자가 절을 한 것, 무슨 비결 보았을까
이글거린 화로 위에 한 점의 눈이로다
공덕을 다 이룬지 오래라고 말하나
점안하려는 마음은 쉬지를 못했던가
쉬지를 못했다고도 말하지 말라
두 마리의 진흙소가 싸우면서 바다에 든 뒤
지금에 이르도록 소식이 끊겼다네

崇勝珙 頌
長髭禮拜見何訣
如洪爐上一點雪
自言功德久成來
點眼之心曾未歇
未歇休說
兩介泥牛鬪入海
直至如今消息絶

☁ 오조연 선사 송

이글거린 화로에 한 점의 눈이여
지음하는 순간의 순간도 없다네
거북털 부채로 부채질을 하는 이여
진흙소에 한 방울의 피로세

五祖演 頌
洪爐一點雪
知音瞥不瞥
龜毛扇子扇
泥牛一點血

◌ 심문분 선사 송

발을 드리워 몸소 점안하니
영남고개에 공덕 이미 이뤄졌네
장자가 고요하고 면밀한 신령함 드러냄이여
이글거린 화로에 한 점 눈이라 가리켰네

心聞賁 頌
一足垂來親點眼
嶺頭功德已圓成
長髭只怕精神露
却指洪爐片雪輕

ↁ 무진 거사 송

나라에서 방편이 면밀하고 뛰어난 석두 선사가
붓끝으로 부처님의 두 눈동자 그려냈네
깨어진 승상에서 한가히 발 드리움이여
두 가닥 신기로운 광채가 밤에도 걷히잖네

無盡居士 頌
國手精奇老石頭
毫頭點出佛雙眸
破繩牀上閑垂足
兩道神光夜不收

☁ 지비자 선사 송

영남고개의 공덕이 이뤄졌으나
점안할 일이 남아 있었네
석두 선사가 한 발을 드리울 때에
장자가 재빨리 절을 하고
이글거린 화로에 한 점의 눈이라 했네
범부는 그 뜻을 아느니 모르느니 하는구나
누가 말했던가? 겁의 불이 탈 때에
이것도 그를 따라서 무너진다고

知非子 頌
嶺頭功德成
猶欠點眼在
石頭翹一足
當下長髭拜
紅爐一點雪
凡夫會不會
誰云劫火然
這介隨他壞

열재 거사 송

무딘 도끼[13]는 청원 선사로부터 전하지만
벙어리인 체, 어리석은 양 하여 후세 자손을 그르치게 했네
만일에 황금털 사자의 새끼였다면
이같은 밤나무가시는 단번에 삼킨다네

悅齋居士 頌
傳來鈯斧自清源　詐啞佯癡誤後昆
若是金毛師子子　這般栗棘大家呑

---

13) 무딘 도끼 : 청원 선사가 석두로 하여금 남악 회양 선사에게 글을 전하게 하면서 말하였다. "돌아오는 날엔 그대에게 무딘 도끼를 주어 산에 살게 하리라." 석두가 회양 선사의 처소에 이르러 글월은 전하지 않고 문득 여쭈었다. "모든 성인도 흠모하지 않고 스스로의 신령함도 소중히 여기지 않을 때 어떠합니까?" 회양 선사가 말하였다. "그대의 물음이 너무나 도도하구나. 어째서 좀 겸손하게 묻지 않는가?" 석두가 말하였다. "차라리 영겁을 지옥에 빠질지언정 모든 성인의 해탈을 구하지는 않겠습니다." 회양 선사가 묵연히 같이하였다. 석두가 돌아오자 청원 선사가 물었다. "그대가 간 지 얼마 되지 않았으니 글월을 전하지 않았겠구나." 석두가 말하였다. "소식도 또한 통한 바 없고 글도 전한 바 없습니다." 이어 앞의 이야기를 들고 말하였다. "지난 날 화상께서 무딘 도끼를 주어 산에 살게 하리라 하셨으니 이제 주십시오." 청원 선사가 한 쪽 발을 드리우니 석두가 절을 하고 남악산에 들어가 살았다.

ⓒ 현각 선사가 추궁하였다.

말해 보라. 장자 선사는 안목을 갖춘 대답인가, 안목을 갖추지 못한 대답인가? 만일 안목을 갖추었다면 어째서 그에게 점안해 주기를 청했으며, 만일 안목을 갖추지 못했다면 공덕을 성취한지 오래란 말은 어떻게 생각해야 되겠는가?

玄覺 徵 且道 長髭具眼秖對 不具眼秖對 若具眼 爲什麼請他點眼 若不具眼 又道成就久 矣 且作麽生商量

☁ 법등 선사가 대신 말하였다.

화상은 눈이 어두우시군요.

法燈 代云 和尙 可謂眼昏

☁ 설두현 선사가 이 칙을 들고 말하였다.

눈이랄 것도 없어야 공덕일진대, 무슨 점검할 곳이 있으랴.

雪竇顯 拈 無眼功德 有什麽點處

ᢁ 장산전 선사가 이 칙을 들고 말하였다.

단번에 펼친 공덕이 좋은데 그 두 터무니없는 점안을 어지럽게 당했구나.

蔣山泉 拈 好一鋪功德 被這兩介胡點亂點

Ꮚ 도솔홍 선사가 이 칙을 들고 말하였다.

석두 선사가 그때 장자 선사의 깨달은 경지를 보고 곧 그를 근거하여 증명하기를 그만두었으니, 마치 작은 자비로 큰 자비를 방해한 것 같이 되었다.

만일 도솔의 견해에 의한다면, 장자 선사가 "저의 소견으로는 마치 이글거리는 화로 위에 한 점의 눈과 같습니다." 할 때에 "이게 무슨 말인가?" 하고, "아침에 3천 방망이 저녁에 8백 방망이를 때리는 것이 좋겠다." 하여 그로 하여금 별안간에 천 개의 눈이 단박에 활짝 열리게 했더라면 만 갈래의 길이 그대로가 통일된 천하여서 조계의 한 갈래라 하나 그 근원에 이르렀다는 것마저 없었을 것이다.

兜率鴻 拈 石頭 當時 見長髭得介入頭處 便證據伊休去 大似小慈妨大慈 若據兜率 才見長髭道據某甲所見 如洪爐上一點雪 是何言歟 好與朝三千暮八百 直敎渠 瞥地 千眼 頓開 萬途同轍 曺溪一派 也不到濫觴

ꩰ 법운악 선사가 상당하여 이 칙을 들고 말하였다.

장자 선사가 비록 길 가득히 좋은 경치를 보였으나 자신의 독에 맞았으니 어찌하랴. 석두 선사는 비밀함을 몽땅 제방에 엿보여 감파당했다.

法雲岳 上堂擧此話云 長髭 雖然滿路風光 其奈中他毒藥 石頭 摠被諸方覰破

◌ 정혜신 선사가 상당하여 이 칙을 들고 말하였다.

제방에서 모두가 "장자 선사가 그때 석두 선사의 점안을 받았으나 한 쪽 눈을 잃은 줄은 전혀 몰랐다." 하니, 말해 보라. 잘못이 어디에 있는가? 시험삼아 점검해 보라.

定慧信 上堂擧此話云 諸方盡道 長髭 當時 得石頭點眼 殊不知失却一隻眼 且道 誵訛在什麽處 試請驗看

∽ 조계명 선사가 상당하여 이 칙을 들고 말하였다.

알량한 석두 선사가 장자 선사에게 한 번 찔리고는 당장에 손과 발을 어지럽게 허우적거렸다. 산승이라면 그렇게 하지는 않으리니, 그가 "점안만이 남았소." 할 때에 "승요(僧瑤)의 묘한 붓끝이라도 여기에 이르러서는 끝내 손을 쓸 곳이 없으리라."라고만 하여서, 그가 정신을 차리기를 기다려 특별히 광채가 나도록, 곧 얻은 바를 벗어버리고 산 공덕을 단번에 펼쳐 이루게끔 해 주었더라면, 그 어찌 상쾌한 일이 아니겠는가? 장자 선사의 공덕은 그만두고, 어떤 것이 여러분의 단번에 펼친 공덕인가?

(말없이 보이다가)

아직 점안을 하지 않았다고 수고롭게 집어낼 것도 없느니라.

악!

악!

曹溪明 上堂擧此話云 大小石頭 被長髭一箚 直得手忙脚亂 若是山僧 則不然 待他道只欠點眼 但向道 任是僧瑤妙筆 到這裏 卒無下手處 待他這漢定省精神 別生光彩 便成褫得一鋪活功德 豈不快哉 長髭功德 卽且止 如何是諸人一鋪功德 良久云 未點眼底 不勞拈出 喝一喝

🙜 천녕소 선사가 상당하여 이 칙을 들고 말하였다.

석두 선사가 한 발을 드리움이여, 점안한 것인가? 그 선승이 세 번 절을 했는데 보고 깨달은 것인가?

노승은 한 손을 내미니 여러분 애꾸눈 위에 눈썹이니라.

(주장자를 높이 들어 한 번 내려치고)

여섯 자쯤 되는 산의 등나무에 가볍게 의거해 다스리니 인타라망 구슬[14]이 항상 드리워져 거듭 거듭 비춤일세.

天寧炤 上堂擧此話云 石頭垂一足 還點得麽 這僧禮三拜 還見得麽 老僧 出一隻手 諸人 眨上眉毛 以拄杖 卓一下云 六尺山藤 略輕據 帝珠垂範影重重

---

14) 인타라망(因陀羅網) 구슬 : 인타라가 사는 궁전을 장식하고 있는 보석 그물에는 각 그물코마다 보석구슬이 붙어서 다시 다른 모든 보석구슬의 그림자가 비치고, 그 하나하나의 그림자 속에 다른 모든 보석구슬의 그림자가 비치는 것으로, 이 세상의 모든 존재가 서로 상즉되어 있으면서도 서로 장애가 되는 일이 없음을 비유한다.

☁ 운문고 선사가 대중에게 보이고 이 칙을 들고 말하였다.

대중 가운데 헤아리는 이가 매우 많으니, 혹은 "눈 없는 것이 공덕인데 무슨 점안할 곳이 있겠는가?" 하며, 혹은 "'점안을 요하는가?' 하여, 그의 대답에 '그렇습니다.' 할 때에 당장에 등줄기를 갈겨 주었어야 하리라." 하거니와, 만일 이렇게 한다면 그 공덕을 덮어 더럽히지 않을 수 없었으리라.

운문은 그러지 않으리니, 그 노장이 한 발을 드리울 때에 다만 "화상이시여, 기동하시지요." 했을 것이다.

雲門杲 示衆 擧此話云 衆中商量 甚多 或云 無眼功德 有甚點處 或云 莫要點眼麽 待他道便請 好劈脊便打 若恁麽 未免穢汚遮功德 雲門 卽不然 待這老漢 垂下一足 但道起動和尚

⊂ 백운병 선사가 이 칙을 들고 말하였다.

대유령 마루의 단번에 베푼 공덕이라 해도 벌써 억지로 지은 이름이 되겠거늘, 석두 선사가 한 발을 드리웠을 때 장자 선사가 이글거리는 화로 위에 한 점의 눈이라 하니, 더욱 허물을 보였다. 비록 그러나 검각[15]의 길이 험하다 해도 밤에 다니는 사람이 또 많더구나.

白雲昺 拈 喚作大庾嶺頭一鋪功德 已是强名 石頭垂下一足 長髭云如洪爐上一點雪 轉見漏逗 雖然如是 劒閣路雖嶮 夜行人更多

15) 검각(劒閣) : 과거 중국의 군사요충지. 뚫고 가기 험난하기로 유명했다.

 대원 문재현은 이 칙을 모두 들고 나서 이르노라.

“이글거리는 화로 위에 한 점 눈과 같습니다.” 할 적에 등줄기를 한 번 갈겨 주었어야 했다.

그 선승이 이 문중의 사람이나
지닌 능력 못 부리는 바보니
활기 솟게 두들겨야 하였네

348칙 그 존숙의 안목이 어디에 있다 하겠습니까

 본 칙

장자 선사가 어떤 선승에게 물었다.

"어디서 출발했는가?"

선승이 대답하였다.

"구화산 공석암에서 출발했습니다."

"암주는 누구던가?"

"마조 선사 밑에 있는 존숙입니다."

"이름은 무엇인가?"

"그이의 법호는 모릅니다."

"그가 그대를 모르는가, 그대가 그를 모르는가?"

"그 존숙의 안목이 어디에 있다 하겠습니까?"

선사가 말하였다.

"암주가 직접 오더라도 지독한 방망이를 맞아야 하리라."

선승이 말하였다.

"다행히 화상께서 저를 놓아 주시는군요."

선사가 말하였다.

"백 년 뒤에도 저런 선승은 찾기 어려울 것일세."

長髭問僧 發足何處 僧云 九華山控石庵 師云 庵主是誰 僧云 馬祖下尊宿 師云 名什麽 僧云 不委他法號 師云 他不委儞 儞不委他 僧云 尊宿眼 在什麽處 師云 若是庵主 親來 也須喫痛棒 始得 僧云 賴遇和尙放過某甲 師云 百年後 討者僧也難得

☁ 설두현 선사가 이 칙을 들고 말하였다.

이러한 즉 둘이 모두 작가이기는 하나, 범의 꼬리를 잡을 줄만 알았고 범의 머리에 올라 탈 줄은 몰랐다. 만일 덕산같이 바른 법령을 시행케 했더라면 산산조각나 버렸을 것이다.

雪竇顯 拈 是則二俱作家 要且只解收虎尾 不能據虎頭 若使德山令行 並須瓦解

☁ 법진일 선사가 이 칙을 들고 말하였다.

그 납자는 가히 전무후무한 이이다. 방망이를 쥐고도 그를 때리지 못했구나.

法眞一 拈 者个衲子 可謂絶後光前 直是接棒 也打他不得

 대원 문재현은 이 칙을 모두 듣고 나서 이르노라.

넌지시 던져 보고 그쳐야 할 때 그칠 줄을 아는 분들이었구나.

작자면 손 점검을 이리 해서
넘침도 부족함도 없어야
후손이 번창하게 된다네

349칙 선사가 때리다

 본 칙

석루 화상[16]이 어떤 선승에게 물었다.

"요즘 어디서 떠났는가?"

선승이 대답하였다.

"한나라에서 떠났습니다."

선사가 말하였다.

"한나라의 천자도 불법을 숭상하던가?"

선승이 대답하였다.

"저를 만나셨기에 다행입니다. 만일 다른 사람에게 물으셨다면 위험할 뻔했습니다. 사람도 봄이 없는데, 무슨 불법을 소중히 여길 것이 있겠습니까?"

선사가 말하였다.

"사리는 계를 받은 지 얼마나 되는가?"

선승이 말하였다.

"30하(夏)입니다."

16) 석루 화상 : 다른 책에는 조수(棗樹)라 하였다.

선사가 말하였다.

“잘한다. 사람도 봄이 없다면서….”

선사가 때렸다.

石樓和尙(一本棗樹) 問僧 近離什麼處 僧云 漢國 師云 漢國天子還重佛法麽 僧云 賴遇某甲 若問別人 卽禍生 尙不見有人 何佛法可重 師云 闍梨受戒多少時 僧云 三十夏 師云 大好不見有人 便打

⟳ 설두현 선사가 이 칙을 들고 말하였다.

그 선승이 방망이는 먹었으나 갔어도 다시 오는 게 없으니 조수 선사가 법령을 비록 시행했으나 바람 없는 곳에 파도를 일으키는 것이었음을 어찌하랴.

雪竇顯 拈 者僧 棒卽喫了 要且去不再來 棗樹令雖行 爭奈無風浪起

ꕥ 법진일 선사가 이 칙을 들고 이어 설두 선사가 이 칙을 들어 말한 것을 들고 말하였다.

조수 선사가 비록 바람 없는 곳에 파도를 일으켰으나 사로잡았다 놓아주었다 함이 볼만하기는 했다. 마치 고양이가 쥐를 놀림에 끝내 목숨이 그의 손아귀에 있어 때맞추어 죽이고 살리기를 하는 것과 같았다.

그 따위로 허탕을 치는 자에게 지금 무슨 결과가 있겠는가. 만일 조수 선사와 맞닥뜨려 붙었더라도 작가라면 놓아주지 않았으리라.

法眞一 擧此話 連擧雪竇拈 師云 棗樹 雖則無風起浪 不妨擒縱可觀 所謂如猫弄鼠 畢竟性命 在佗手裏 殺活臨時 似者般掠虛底漢 如今有甚麽限 若撞着棗樹 作家也不放過

 대원 문재현은 이 칙을 모두 듣고 나서 이르노라.

참으로 교화문의 선지식이라면 여기에 이르러야 한다.

석루는 깊은 자비 다했고
그 선승 이제 흔적 없는 삶 누리리
아차차, 잠이나 잘 것을

350칙 제가 어느 곳 사람이라면 옳지 못합니다

 본 칙

천황 도오 선사가 석두 선사에게 물었다.

"정(定)과 혜(慧)를 여의어서 어떤 법으로 사람에게 보이십니까?"

석두 선사가 말하였다.

"나의 여기에는 하인이 없는데 무엇을 여읜단 말인가?"

도오 선사가 말하였다.

"어떻게 밝히십니까?"

석두 선사가 말하였다.

"그대는 허공을 잡을 수 있겠는가?"

도오 선사가 대답하였다.

"그런 것은 오늘로부터 시작한 것이 아닙니다."

석두 선사가 말하였다.

"모를 일이다. 아침저녁으로 어디에서 와서 그대의 하인노릇을 한단 말인가?"

도오 선사가 대답하였다.

"제가 어느 곳 사람이라면 옳지 못합니다."

석두 선사가 말하였다.

"나는 벌써 그대가 온 곳을 안다."

"화상은 어찌하여 장물로써 사람을 무고하십니까?"

석두 선사가 말하였다.

"그대의 몸이 드러나 있다."

도오 선사가 말하였다.

"그렇다 하더라도 끝내 어떻게 뒷사람에게 보여주어야 됩니까?"

석두 선사가 말하였다.

"그대는 누구를 뒷사람이라 하는가?"

도오 선사가 이로부터 살핀 바가 있었다.

天皇道悟禪師 問石頭 離郤定慧 以何法示人 頭云 我這裏無奴婢 離箇什麽 師曰 如何明得 頭云 汝還撮得虛空麽 師曰 與麽則不從今日去也 頭云 未審 汝早晩 從那邊來 師曰 某甲 不是那邊人 頭云 我早知汝來處 師曰 和尙何以贓誣於人 頭云 汝身 現在 師曰 雖然如是 畢竟如何示於後人 頭云 汝道 阿誰是後人 師從此有省

☁ 운문고 선사가 이 칙을 들고 말하였다.

말해 보라. 깨달았다는 것이 무엇인가?

雲門杲 擧此話云 且道 省得箇什麽

 대원 문재현은 이 칙을 모두 듣고 나서 이르노라.

교화문에 나선 선지식이라면 적어도 여기에 이르러야 하고 말고. 여기에 이르러야 하고 말고!

석두 선사의 이끄심을 모르고야
그 어찌 도오 선사 깨침 살피랴
그 샘물 맛, 마신 이만 안다네

351칙 즐겁고 즐겁구나

본 칙

천황 선사가 평상시에 "즐겁고 즐겁다."를 부르짖더니 입멸하고자 누워서 앓을 때에 부르짖었다.

"괴롭고 괴롭구나. 원주야, 술을 갖다 나에게 먹여다오. 고기를 갖다 나에게 먹여다오. 염라대왕이 나를 잡으러 온다."

원주가 곁에 와서 물었다.

"화상께선 평상시에 즐겁고 즐겁다고 부르짖으시더니, 지금은 왜 괴롭고 괴롭다고 부르짖으십니까?"

선사가 말하였다.

"말해 보라. 그때가 옳은가, 지금이 옳은가?"

원주가 말이 없으니, 퇴침을 밀어내고는 숨을 거두었다.

天皇 一生 常叫快活快活 欲入滅 臥疾中 叫云 苦苦 院主 把酒來與我喫 將肉來與我喫 閻老子 來取我也 院主云 和尙一生 叫快活 如今爲什麽叫苦 師云 且道 當時 是 如今是 院主無語 師推出枕子 便告寂

☁ 원조 선사 송

단 것은 꼭지까지 달디 달고
쓴 것은 뿌리까지 쓰디 쓰다
퇴침을 집어서 일으킬 때
신라에서는 밤북을 치누나

(이는 천황 선사의 일을 송한 것이다.)

圓照 頌
甛甛徹底甛
苦苦連根苦
拈起枕頭時
新羅夜打鼓
(此錄白馬)

☁ 보녕수 선사가 이 칙을 들고 말하였다.

되기는 곧 되었으나 점검해 보건대, 그 노장이 살았을 적에는 얼굴이 크고 크더니, 죽어서는 광대하고도 광대하구나. 만일 콧구멍으로 하늘을 잡아따기를 바란다면 질뚝배기, 대젓가락과 남은 밥, 쉰 국은 한 쪽에 밀어 두고, 뜨거운 화로가의 호떡을 원하거든 청하고자 할 때 곧 청해야 되나니, 알겠는가?

밑둥도 뿌리도 없는 사람이 밥으로써 생명을 삼느니라.

保寧秀拈 得卽得 點檢將來 這漢 生前 顴顴頇頇 死後 莽莽鹵鹵 若要鼻孔撩天 瓦椀竹筯 殘羹餿飯 拈放一邊 熱爐餬餠 要請便請 還會麽 人無根株 以食爲命

 대원 문재현은 이 칙을 모두 듣고 나서 이르노라.

괴롭다는 말을 알아들어야 즐겁다는 말을 알아듣고, 즐겁다는 말을 알아들어야 괴롭다는 말을 알아듣는다.

즐겁다와 괴롭다를 알고 싶은가?
괴롭다는 조주 선사 장삼 무게고
즐겁다는 내 볼펜의 색일세

352칙 어떤 것이 그대의 마음인가

 본 칙

조주 대전 화상에게 석두 선사가 물었다.

"어떤 것이 그대의 마음인가?"

대전 선사가 말했다.

"지금 말씀하신 것을 보는 놈이 바로 그것입니다."

석두 선사가 할을 하여 내쫓았다. 10여 일이 지나 대전 선사가 다시 석두 선사에게 물었다.

"지난 번의 대답이 옳지 않다면 이 밖에 어느 것이 제 마음입니까?"

석두 선사가 대답하였다.

"눈썹을 날리거나 눈을 깜박이는 짓을 제하고 마음을 가져오너라."

대전 선사가 대답하였다.

"가져올 마음이 없습니다."

석두 선사가 말하였다.

"원래 마음이 있는데 어째서 마음이 없다 하는가? 마음이 없다

하여도 모두가 똑같은 비방이니라."

대전 선사가 이 말에 크게 깨달았다.

潮州大顚和尚 因石頭問 那箇是汝心 師云 見言語者是 頭便喝出 經旬日 師復問 前者旣不是 除此外 何者是心 頭云 除卻揚眉瞬目 將心來 師云 無心可得將來 頭云 元來有心 何言無心 無心 盡同謗 師於言下大悟

☁ 운문고 선사가 이 칙을 들고 말하였다.

말해 보라. 대전 선사가 깨달은 것이 무엇인가?

雲門杲 擧此話云 且道 大顚 悟得箇什麽

 대원 문재현은 이 칙을 모두 듣고 나서 이르노라.

석두 선사시여, 석두 선사시여! 교화문중의 눈 밝으신 분입니다.

언하(言下)에 깨달음을 알고 싶은가
이 이상 무엇이라 하리오
낮에는 일, 밤이 되면 잠잘 뿐

353칙 선상을 세 번 치다

 본 칙

대전 화상에게 한문공 유가 물었다.

"제자는 군주(軍州)에 일이 많습니다. 긴요한 말씀, 한 마디를 일러주십시오."

대전 선사가 말없이 보임에, 문공이 어리둥절하자, 삼평이 시자로 있다가 선상을 세 번 치니, 대전 선사가 말하였다.

"무슨 뜻인가?"

삼평이 대답하였다.

"먼저 선정에서 움직이게 하고 나중에 지혜로써 빼앗습니다."

이에 문공이 삼평에게 절을 하고 사례를 하면서 말하였다.

"화상의 문풍이 고준하여 제자는 시자에게서 들 곳을 얻었습니다."

大顚和尙 因韓文公 名愈問 弟子軍州 事多 省要處 乞師一句 師良久　文公 罔措 三平 爲侍者 乃敲牀三下 師云 作麽 平云 先以定動後以智拔 公 乃禮謝三平云 和尙門風 高峻 弟子 於侍者邊 得介入處

○ 정엄수 선사 송

지름길로 끊는 말씀 대전에게 묻고서
문공, 어진 말은 채찍만을 엿보네
민첩한 솜씨로 삼평이 지혜로써 빼앗기까지 하니
한밤에 구름 개어 중천에 달 밝음일세

淨嚴遂 頌
徑截之言問大顚
文公良馬暗窺鞭
敏手三平加智拔
中宵雲散月當天

☁ 황룡남 선사 송

종사가 가장 위대한 가풍을 펴서
뜻을 다해 문공 위해 설하였네
사자의 굴에는 다른 짐승 없고
코끼리 다니는 데 여우자취 없음일세

黃龍南 頌
宗師一等展家風
盡情施設爲韓公
師子窟中無異獸
象王行處絶狐蹤

ꩰ 열재 거사 송

깎아지른 절벽은 오르기 쉬우나
낮은 고개 굽이 굽이, 깊은 함정이로다
당시에 무슨 일로 근본의 도 캐물었나
남쪽 창의 한 종지 등불을 저버리누나

悅齋居士 頌
絶巘途中卻易登
小坡節節是深坑
當時原道原何事
辜負南窻一埦燈

☁ 송원 선사가 법문할 때 이 칙을 들고 말하였다.

그대들이여, 보라. 저 사자와 새끼가 서로서로 방편을 짓는 것을 더하여 이름 붙일 수도 말할 수도 없는 곳에서 나아갔거늘, 뛰어난 한문공의 예리한 혈통의 근기가 아니면 어찌 능히 한 번 치켜듦에 곧바로 굴렸으랴.

이른바 도끼를 휘두르는 이는 민첩한 솜씨라야 할 것이며, 도끼를 받는 자 역시 부동의 바탕인 연후에 두 가지 묘함을 갖추어야지 그렇지를 못하면 한바탕 냄새나는 무덤이 될 것일세.

松源法語 擧此話云 儞看 佗師資互作方便 向不可名不可言處 發揮非韓公利根種性 安能一撥便轉耶 所謂揮斤者敏手 亦須受斤者有不動之質然後 二俱得妙 不然則成一場漏逗也

 대원 문재현은 이 칙을 모두 듣고 나서 이르노라.

스승의 보임에 한문공 빈 경지 놓치지 않고, 삼평 시자 재차 보인 방편이여! 역시 사자굴 중에는 사자만이 산다는 말 실감나네.

한문공 최상승은 못되어도
대승기질 갖추어 지녀서
삼평 침에 사무쳐 절을 했네

354칙 세 차례 이를 부딪치다

 본 칙

대전 선사에게 한문공이 물었다.

"화상의 춘추는 얼마이십니까?"

대전 선사가 염주를 들어올리면서 말하였다.

"알겠는가?"

문공이 말하였다.

"모르겠습니다."

대전 선사가 말하였다.

"낮에 백팔, 밤에도 백팔이니라."

이튿날, 다시 문 앞에 와서 수좌를 보고 물었다.

"화상께서 어제 '낮에 백팔, 저녁에 백팔이니라.' 하셨는데, 그 뜻이 무엇입니까?"

수좌가 세 차례 이를 부딪치자, 문공이 방장으로 들어가서 대전 선사를 보고 물었다.

"밤낮으로 백팔이란 뜻이 무엇입니까?"

대전 선사도 세 차례 이를 부딪치자 문공이 말하였다.

“불법은 원래 다른 것이 없구나.”
이에 대전 선사가 말하였다.
“시랑은 어떤 도리를 보았는가?”
문공이 말하였다.
“아까 문턱에서 수좌에게 물었더니, 그도 그와 같이 대답했습니다.”
대전 선사가 수좌를 불러서 물었다.
“아까 이러이러하게 시랑에게 대꾸했다는데 사실인가?”
수좌가 대답하였다.
“사실입니다.”
대전 선사가 그를 때려 내쫓았다.

大顚 因韓文公問 和尙春秋多少 師提起數珠云 會麽 公云 不會 師云 晝夜一百八 明日復來門首 見首座問 和尙 言晝夜一百八意旨如何 首座扣齒三下 公至方丈 見師 乃問 晝夜一百八意旨如何 師扣齒三下 公云 元來佛法 不別 師云 侍郎 見何道理 公云 適來門首 問首座 亦與麽祇對 師喚首座至 云 適來與麽祇對侍郎是否 首座云 是 師乃打趁出院

ఐ 해인신 선사 송

조수의 위세는 산더미 같으며
구경꾼의 수효는 장터와 같도다
본래에 조수를 가지고 놀던 이는
들게 하고 나게 함이 유희와 같다네
가련하다, 조수를 희롱하지 못하는 이
들고 나는 물결에 휩쓸려 죽는다네

海印信 頌
潮勢如山
觀者如市
本分弄潮人
出沒如遊戲
可憐不是弄潮者
往往須向潮中死

☁ 보녕용 선사 송

한 걸음 걸을 때 두 걸음 옮기고
문 앞의 봉황새 놀라서 깨어난다
옮긴 자취가 오동나무에만 없을까만
뭇 새는 동서의 가지로 몰려다닌다

保寧勇 頌
一步才行兩步移
門前驚起鳳凰兒
捿蹤不在梧桐樹
群鳥東西空繞枝

☁ 지해청 선사 송

손과 주인 만난 자리, 나이를 물으니
염주를 들어올려 삼천세계 진동케 했네
그때에 만약에 전남(泉南) 노인 만났다면
먼저 한공 위해 대전을 쫓아냈으리

智海淸 頌
賓主相逢問歲年
數珠提起動三千
當時若遇泉南老
先爲韓公趕大顚

ⓒ 무진 거사 송

계양 땅에 중은 적고 속인은 많아서
왕법에 친한 이가 없으니 어찌하랴
삼문밖으로 쫓아낼 때 바탕을 삽시간에 보았더라면
둥근 머리로 물구나무서서 깔깔 웃었으리라

無盡居士 頌
揭揚僧少俗人多
王法無親不奈何
逐出三門如瞥地
圓顱倒卓笑呵呵

☁ 열재 거사 송

밤낮으로 백팔이니라 하는 데서
크게 죽은 속이라야 살아날 길 있다네
이를 부딪친 것은 모두가 똑같으나
수좌쪽이 뛰어났네

悅齋居士 頌
晝夜一百八
大死裏有活
扣齒摠一般
首座底超脫

☁ 보복전 선사가 말하였다.

수좌는 앞일은 알았지만 뒷일은 몰랐고, 대전 선사는 법령을 홑으로 시행하지 않았다.

保福展云 首座 知前不知後 大顚 令不單行

☁ 삽계익 선사가 이 칙을 들고 말하였다.

배도 어찌하지 못했는데 어찌 표주박을 때려부수는가.

霅溪益 拈 也是不奈船 何打破戽斗

 대원 문재현은 이 칙을 모두 듣고 나서 이르노라.

삽계익 선사의 말이 가장 진실하다 하겠으나, 불조는 원래 진흙탕에 뛰어드는 자비를 베푸시지 않던가.

아침상 반찬은 희더니
점심상 반찬은 붉더구나
우리 모두 차나 들며 즐기세

355칙 불씨를 찾아 들어 보이다

 본 칙

위산 영우 선사가 어느 날 백장 선사를 모시고 있는데, 백장 선사가 물었다.

"누구인가?"

위산 선사가 대답하였다.

"영우입니다."

백장 선사가 말하였다.

"그대 화로를 헤쳐보라. 불이 있는가?"

위산 선사가 불을 헤치면서 말하였다.

"불이 없습니다."

백장 선사가 몸소 일어나서 깊이 불을 헤쳐 작은 불을 찾아 들고서 말하였다.

"이게 불이 아닌가?"

위산 선사가 깨달음을 얻고 절을 하면서 사례하자, 백장 선사가 말하였다.

"이는 잠시의 갈림길에 든 것이다. 경에 '불성의 이치를 알고자 하면 시절과 인연을 관하라.' 하였으니, 시절이 이르르면 그 이치가 저절로 드러나느니라."

潙山靈祐禪師 一日 侍立百丈 丈問 誰 師曰 靈祐 丈云 汝撥爐中有火否 師撥云 無火 丈躬起 深撥得小火 擧以示之云 此不是火 師發悟禮謝 丈曰 此乃暫時歧路耳 經云 欲識佛性義 當觀時節因緣 時節若至 其理自彰

○ 정엄수 선사 송

역사(力士)가 이마 위의 구슬을 잃었다고
찾고 찾아 간 곳 없다 얼마나 탄식했나
옆 사람이 구슬이 원래 있음을 일러주니
평생 동안 마음씀이 거칠었음 깨달았네

淨嚴遂 頌
力士曾遺額上珠
搜尋無處幾嗟吁
傍人爲指珠元在
始覺平生用意麤

○ 보녕용 선사 송

한 점의 불씨를 들어서 보이시니
크게 깨침, 솟은 불꽃이 하늘 끝까지 밝힘이랄까
연이은 들에서 벗어나기 어렵거늘
3년에도 풀 남이 없음 곧바로 얻었네

保寧勇 頌
提起都來秪一星
豁然騰燄亘天明
連延野外猶難救
直得三年草不生

○ 법진일 선사 송

백장이 한 점의 불씨를 집어올리니
위산이 평생의 일 문득 깨쳤네
내일 아침 다시 산놀이를 함께 하면
불로 찾은 것으로 마른 나뭇가지도 숨쉬게 하라

法眞一 頌
百丈拈來火一星
潙山驀見省平生
明朝又共遊山去
索火還吹枯木莖

∽ 삽계익 선사 송

찬 재를 헤쳐서 살아난 불씨가 밝으니
새벽의 산 너머까지 형형하네
애석하다, 법안당 앞의 나그네들은
아직도 남쪽 향해 불을 찾는구나[17]

雪溪益 頌
撥動寒灰火便明
曉來山外尙熒熒
堪嗟法眼堂前客
猶向南方問丙丁

17) 원문의 병정(丙丁)은 오행 등에서 화(火)에 해당한다.

○ 지비자 선사 송

화로 속을 한가로이 한 번 헤쳐서
재에서 죽지 않은 한 점 불씨 찾아 들자
눈 깜박할 사이에 손에 든 것 믿음이여
불법이 대단한 것도 아닌 줄 비로소 알았네

知非子 頌
等閑一撥紅爐裏
擧火如星灰不死
信手拈來瞬目間
始知佛法無多子

☁ 대승준 선사의 문답

대승준 선사가 자조 선사의 회상에 있던 어느 날 물었다.

"옛 사람이 불씨를 찾으라 했던 뜻이 무엇입니까?"

자조 선사가 말하였다.

"꺼진 대로 내버려두어라."

대승준 선사가 다시 물었다.

"꺼진 뒤엔 어떠합니까?"

"초하루가 삼십일이니라."

"그러한 즉 좋은 시절이겠습니다."

자조 선사가 말하였다.

"그대는 어떤 도리를 보았는가?"

대승준 선사가 말하였다.

"오늘 한바탕 곤했습니다."

자조 선사가 얼른 때리니, 대승준 선사가 다음과 같은 게송을 읊었다.

불을 찾는 기틀은 진실로 통쾌한데
칼끝 숨긴 묘한 솜씨, 소인배는 의심하네
우리 스승 확실한 뜻 알고자 하는가
난로 안에 불 다해도 나무를 더하잖네

大乘遵 在慈照會中 一日 問 古人 索火意旨如何 照曰 任佗滅 云 滅後如何 日 初三十一 云 恁麽則好時節也 日 汝見什麽道理 云 今日一場困 照便打 遵 乃有頌曰

索火之機實快哉

藏鋒妙用少人猜

要會我師親的旨

紅爐火盡不添柴

ᢀ 백운병 선사가 이 칙을 들고 말하였다.

백장 선사가 비록 재를 헤치고 불을 희롱할 줄 알았으나 자기 눈썹이 타는 줄 몰랐고, 위산 선사는 비록 시절과 인연을 밝혔으나 아직은 초월했다는 것마저 세우지 않는 한 길은 몰랐도다.

白雲昺 拈 百丈 雖解撥灰弄火 不知燒卻自己眉毛 潙山 雖明時節因緣 要且未知向上一路

 대원 문재현은 이 칙을 모두 듣고 나서 이르노라.

불보살과 선지식들은 중생을 위해서는 물 속도, 불 속도 가리지 않는다네. 그런 자비이기에 백장 선사도 화약을 짊어지고 불에 뛰어들기를 꺼리지 않았네.

경계를 쫓아 온 시자가
눈앞 불에 배가 불러 웃는데
다음 교훈 더욱 더한 자비일세

돈오돈수 올바로 알려거든
백장교훈 터득해야 하느니
시공 없는 수행을 아는가?

마음 이외 다른 물건 없는 데서
보고 듣되 마음 이외 경계 없는
이사무애 수행함이 그걸세

356칙 정병을 걷어차 거꾸러뜨리다

본 칙

위산이 백장에 있을 때 전좌 소임을 보았는데, 백장 선사가 대위산의 주인을 뽑기 위해 수좌에게 분부하였다.

"대중에 공표하라. 격을 초월한 사람이 있으면 주지로 뽑으리라."

백장 선사가 정병을 가리키면서 말하였다.

"정병이라 부를 수도 없는 것이니, 그대들은 무엇이라 하겠는가?"

수좌가 말하였다.

"나무 말뚝이라고 할 수는 없습니다."

백장 선사가 수긍치 않고 위산에게 물었다.

위산이 정병을 걷어차 거꾸러뜨리니 백장 선사가 웃으면서 말하였다.

"수좌가 산사람에게 졌도다."

潙山 在百丈 爲典座 百丈 將選大潙主人 乃請首座 對衆下語 出格者 當與住持 卽指淨甁云 不得喚作淨甁 汝喚作什麼 首座曰 不可喚作木楔也 丈 不肯 乃問師 師踢倒淨甁 丈 笑曰 第一座輸郤山子也

꩜ 동림총 선사 송

초탈한 영웅을 고르려고 정병을 가리켜 보임이여
호리라도 나뉘는 곳이면 정밀함이 못 된다네
태평세계는 원래가 장군이 이루지만
장군에게 태평세계 누림은 허락되지 않는다네

東林摠 頌
定脫英雄示淨甁
毫釐分處更無精
大平本是將軍致
不許將軍見大平

○ 삽계익 선사 송

산 앞에 신호기를 돌아봄도 없이
단칼에 곧바로 장막으로 든 계책일세
긴 창 짧은 방패, 쓸 것마저 없이
장군의 금도장을 빼앗아 돌아왔네

霅溪益 頌
不顧山前有信旗
單刀一直入籌帷
長戈短戟都無用
奪得將軍金印歸

지해청 선사 송

백장의 당 앞에서 위산 주인 고르는데
황금털 사자들은 있는 위세 다 떨쳤네
정병을 쓰러뜨려 근본 따라 돌아감이여
천 리 순풍의 움직임마저 바탕에 돌아가네

智海淸 頌
百丈堂前定大潙
金毛師子振全威
淨甁趯倒還元化
千里淳風動地歸

◌ 육왕심 선사 송

주머니에 넣은 송곳, 끝 내밀지 않더니
송곳 끝 내미는데 좋은 유래 있었구나
정병을 걷어차서 조금의 일도 없게 되니
고향에 돌아와서 즉시 편히 쉬었네

育王諶 頌
囊裏盛錐不出頭
出頭須有好來由
淨甁踢倒無些事
歸住家山卽便休

ಌ 지비자 선사 송

한나라 조정에서 단을 쌓아 벼슬을 내리려 할 때
객이 있어 윗 사람께 기량을 바쳤다네
자질을 헤아림에 기량과 덕 능하잖건만
망령되게 공과 상을 좋아하고 탐냈도다
작가가 정병을 걷어차서 쓰러뜨리니
나무말뚝 운운해서야 그 어찌 주인노릇 하리오

知非子 頌
漢庭築壇拜將
有客自呈伎倆
不能度德量材
妄欲貪功嗜賞
作家踢倒淨瓶
木楔如何主掌

 대원 문재현은 이 칙을 모두 듣고 나서 이르노라.

백장 문하 대중들 무엇을 했다는 말인가? 소위 대중의 수장이란 분의 말이 그 정도라니. 나라면 다음과 같이 송했을 것이다.

사람들이 쓰는 말을 따라서 함께 할 뿐
선사의 덕화이듯 이러-히 응하오니
보살펴 주신 은혜, 차로써 올립니다

357칙 깔깔거리고 크게 웃다

 본 칙

위산 선사가 대중에게 보이고 말하였다.

"유구(有句)와 무구(無句)는 등(藤)이 나무에 의지한 것 같으니라."

소산이 물었다.

"듣건대 스님께서 '유구와 무구는 등이 나무에 의지한 것 같다.' 하셨다 하니, 홀연히 나무가 쓰러지고 등이 말라버리면 말씀하신 뜻은 어디로 돌아갑니까?"

위산 선사가 깔깔거리고 크게 웃자, 소산이 말하였다.

"제가 4천 리나 되는 데서 한 벌의 무명옷을 팔러 왔거늘, 화상께서는 보고 희롱하기만 하십니까?"

위산 선사가 시자를 불러 분부하였다.

"돈을 갖다가 이 상좌에게 주어라."

다시 당부하였다.

"나중에 외눈박이 용이 그대를 점검하리라."

나중에 명초 선사에게 가서 앞의 이야기를 하니, 명초 선사가 말하였다.

"위산 선사는 머리도 꼬리도 바르건만 지음자를 만나지 못했을 뿐이다."

소산이 다시 물었다.

"나무가 쓰러지고 등이 말라버리면 말씀하신 뜻이 어디로 돌아갑니까?"

명초 선사가 말하였다.

"위산 선사의 웃음을 다시 새롭게 굴리게끔 하는구나."

소산이 이 말 끝에 깨닫고 말하였다.

"위산 선사께서는 원래 웃음 속에 칼을 숨기셨구나."

潙山 示衆曰 有句無句 如藤倚樹 疎山問 承師有言 有句無句如藤倚樹 忽然樹倒藤枯 句歸何處 師呵呵大笑 疎山云 某甲 四千里 賣布單來 和尙 何得相弄 師喚侍者 取錢還者上座 遂囑云 向後 有獨眼龍爲子點破去在 後到明招 擧前話 招云 潙山 可謂頭正尾正 只是不遇知音 疎山 復問 樹倒藤枯 句歸何處 招云 更使潙山 笑轉新 疎山 於言下 有省 乃云 潙山 元來笑裏有刀

장산전 선사 송

나무가 쓰러지고 등이 마른 일에 깔깔대며 웃음은
밤에 다니는 것 허용치 않으니 밝게 합치해야 하네
방랑객이 길을 탐해 돌아갈 줄 모르더니
이미 쉬어 돌아와 친하구나
이미 쉬어 친한 것을 모름지기 감탄 말라
그날 집에 돌아왔다는 것마저 없었어야 오히려 뛰어난 것이라네

蔣山泉 頌
藤枯樹倒呵呵大笑
不許夜行投明須到
遊子貪程去不歸
及至歸來親已老
親已老不須嗟
猶勝當日未還家

ᨒ 해인신 선사 송

나무가 쓰러지고 등 마른 일 물으니
깔깔대고 웃은 일, 까닭이 있다네
영양이 뿔을 걸어 찾을 수 없는 데서
지금껏 웃음을 멈추지 않누나

海印信 頌
樹倒藤枯伸一問
呵呵大笑有來由
羚羊掛角無尋處
直至如今笑未休

곤산원 선사 송

홀로 선 나무는 숲 이루지 못하고
구름 속의 봉우리 한 가닥이 깊구나
같은 소리로 천 리에 응하심이여
입만 열어도 속마음을 아시누나

崑山元 頌
獨樹不成林
雲峰一徑深
同聲千里應
開口便知音

○ 법진일 선사 송

위산이 대중에게 유구와 무구 보임이여,
등 넝쿨이 나무에 의지한 것 같다 한 이 구절일세
학인들이 말을 따라 통발과 올가미[18]를 잘못 아니
한바탕 웃음소리, 지금껏 길에 펴졌다네

法眞一 頌
潙山示衆有無句
此句猶如藤倚樹
學人隨語認筌罤
一笑至今成路布

18) 통발과 올가미 : 물고기를 잡는 통발과 토끼를 잡는 올가미, 즉 목적을 이루기 위한 방편.

☁ 진정문 선사 송

깔깔대고 크게 웃은 그의 속 뜻 논하기 어렵다지만
나무가 쓰러지고 등 말랐단 물음에 연유했을 뿐일세
명초의 말 끝에 깨달은 바 있다 해도
눈을 뜨고나니 다만 이 본래의 사람일세

眞淨文 頌
呵呵大笑意難論
樹倒藤枯問有因
縱向明招言下悟
眼開只是舊時人

ꩰ 천동각 선사 송

등 마르고 나무 쓰러진 일 위산에게 물었더니
크게 웃어 깔깔댄 일, 그 어찌 공연하랴
웃음 속에 칼 있는 줄 엿보아 파하니
말로는 표현할 길 없는 뛰어난 기틀일세

天童覺 頌
藤枯樹倒問潙山
大笑呵呵豈等閑
笑裏有刀窺得破
言辭無路絶機關

◌ 운문고 선사 송

이 말로써 핵심과 근본을 삼으려 했다면
외눈박이 용인 명초를 저버리게 됐을 걸세
웃음 속에 홀연히 흙인지 물길인지 분명해지니
바야흐로 천 리라도 같은 가풍임을 알았네

雲門杲 頌
若將此語定綱宗
辜負明招獨眼龍
笑裏忽分泥水路
方知千里共同風

죽암규 선사 송

유구와 무구는 등이 나무에 의지한 것이라 함이여
흰 밥은 원래가 쌀로써 지었다네
높은 누각 피리 불 때, 버들가지 연기 같다가
온누리의 봄바람에 버들솜 흩날리듯 하네

竹庵珪 頌
有句無句藤倚樹
元來白飯用米做
高樓吹笛柳如煙
滿地春風落飛絮

☁ 한암승 선사 송

나강의 한 빛깔이 연한 유리 같은데
돛을 놓고 흐름 따라도 길 헤매지 않는다네
파도 속의 달덩이를 건지고자 하는가?
고개 들게, 뭇 봉우리의 서쪽에 있다네

寒嵒升 頌
螺江一色軟玻璃
放棹隨流去不迷
擬欲捉他波底月
擧頭落在衆峰西

☁ 본연 거사 송

나의 똥 말리는 막대기나 씹는다면
그대의 이빨만 손상할 뿐일세
깔깔대고 크게 웃은 시절을 알려는가?
등 때려서 내쫓은 편이 나았을 것 같구나
정자의 미친 말 듣지를 말게나
녹음의 봄 다했는데 두견새 소리라 했네[19)]

本然居士 頌
咬我屎橛
費君牙齒
欲識呵呵大笑時
勝似劈脊打出儞
鄭子狂言君莫聽
緣陰春盡杜鵑聲

---

19) 정자(鄭子)의 석춘시(惜春詩)에 봄소식 다하자 두견새 운다고 했다.

☁ 무진 거사 송

한 벌의 무명옷값을 받아 명초에게 보이니
쇳덩이 같아서 물방울 만큼도 녹일 수 없었네
함통 이후[20]의 일이 아니었더라면
주지가 된들 한 줌의 땔감인들 얻을 수 있었으랴

無盡居士 頌
布單酬價見明招
滴水如金未合消
不是咸通年後事
住山爭得有柴燒

20) 함통(咸通) 이후 : 중국 당 의종 때 소산이 도를 깨달은 시기.

ꩰ 열재 거사 송

두어 번 웃어서 점쳐봄에 길흉이 있으니
한 효(爻)는 지화(地火)요, 하나는 산풍(山風)일세
신묘한 점판이라도 버리느니만 못하니
다시 점을 쳐도 전과 같이 상상(上上)의 중간 정도일세

悅齋居士 頌
兩笑占來有吉凶
一爻地火一山風
不如擲下靈碁課
再掛依前上上中

나산한 선사의 문답

나산한 선사가 화산에 있을 때에 청귀 상좌와 이야기를 나누는데, 청귀가 말하였다.

"천하에 제일인은 없군요. 대단하다는 위산 선사께서 도오 선사께 막혀서 졌으니 말입니다."

나산한 선사가 물었다.

"무슨 말이 있기에 도오 선사에게 졌다 하는가?"

이에 청귀가 이야기를 들어 말하였다.

석상이 위산 선사를 하직할 때, 절을 하고 일어나자 위산 선사가 말하였다.

"유구와 무구는 등이 나무에 의지한 것 같다. 그대의 뜻은 어떠한가?"

석상이 말을 못하고 있다가 나중에 도오 선사에게로 갔는데, 도오 선사가 물었다.

"어디서 오는가?"

석상이 대답하였다.

"위산에서 왔습니다."

도오 선사가 말하였다.

"무슨 말씀이 계시던가?"

석상이 앞의 이야기를 하니, 도오 선사가 말하였다.

"그대는 왜 이르지 못했는가?"

석상이 대답하였다.

"이를 수가 없었을 뿐입니다."

도오 선사가 말하였다.

"그대가 나를 대신해서 암자를 지켜라. 내가 그대를 도와 갚아주리라."

이튿날 도오 선사가 위산 선사에게 갔더니, 위산 선사가 벽을 바르다가 문득 고개를 돌려 도오 선사가 뒤에 있는 것을 발견하자 물었다.

"지 두타가 어째서 여기까지 오셨소?"

도오 선사가 대답하였다.

"다른 일이 아니라 화상께서 수행자들에게 유구와 무구는 등이 나무에 의지한 것 같다고 하셨다니 사실입니까?"

위산 선사가 대답하였다.

"사실이오."

도오 선사가 말하였다.

"갑자기 나무가 쓰러지고 등이 말라버렸을 때엔 어떠합니까?"

위산 선사가 깔깔대고 크게 웃는데 도오 선사가 그를 밀어서 진흙에 부딪치게 했으나 위산 선사는 전혀 관계치 않았다.

청귀가 이렇게 이야기한 뒤에 말하였다.

"이것이 어찌 위산 선사께서 도오 선사께 진 것이 아니겠습니까?"

나산한 선사가 말하였다.

"상좌가 30년 뒤에 한 지방의 종사가 되더라도 그 이야기는 절대로 하지 말게."

청귀가 수긍치 않고 도리어 도오 선사가 재량하여 결정함에 위산 선사가 막혀 사로잡힌 형편이었다고 하였다.

이에 나산한 선사가 그의 멱살을 잡아 땅에 눕히고 말하였다.

"대중에게 아뢰노니, 각자 조용히 하시오. 내가 오늘 청귀 상좌와 함께 위산 선사가 굴욕을 당했다 하는 누명을 씻어 주리니, 귀를 기울이고 들으시오."

청귀가 말하였다.

"알았습니다. 알았습니다."

청귀가 문득 절을 하자, 나산한 선사가 말하였다.

"왜 진작 그렇게 말하지 않았는가? 그대는 도오 선사를 알겠는가? 고작해야 역사에서 말똥을 치우는 것이 본색이니라."

羅山閑 在禾山時 因共淸貴上座 說話次 貴云 天下無第一人 大小潙山 猶輸他道吾 閑云 有什麽語 輸他道吾 貴擧石霜 辭潙山 才禮拜起 潙山問 有句無句如藤倚樹 子意如何 霜 無語 却到道吾處 吾問 什麽處來 霜云 潙山來 吾云 有何言句 霜 遂擧前話 吾云 儞何不道取 霜

云 只爲道不得 吾云 儞爲我看庵 我與汝去 報酬 吾來日 便往潙山 潙山 泥壁次 忽回首見吾在背後 潙山云 智頭陁 因何到此 吾云 不爲 別事 只爲和尙問 諸道者 有句無句如藤倚樹 還是也無 潙山云 是 吾 云 忽然樹倒藤枯時如何 潙山 呵呵大笑 被吾捺向泥裏 潙山 揚不管 貴擧了云 者个豈不是潙山 輸他道吾 閑云 上座三十年後 若有把茆盖 頭 切忌道着者話 貴不肯 却與道吾 作主 被閑擒下地云 白大衆 各請 停喧 某甲 今日與淸貴上座 雪潙山喫屈話 且須側聆 貴云 知也知也 便禮拜 閑云 何不早道 儞還識道吾麽 只是舘驛裏 本色撮糞漢

☁ 천의회 선사가 상당하여 이 칙을 들고 말하였다.

지금 총림에는 잘못 추측하는 이가 매우 많으니, 옛사람을 보고자 하나 어려우리라. 여러분은 알고 싶은가?

위산 선사의 한 웃음은 장군이 국경 싸움터에 나선 것이오, 명초 선사의 한 웃음은 전쟁의 풍진을 다 소탕하는 것이니라.

天衣懷 上堂擧此話云 如今叢林中 錯商量者極多 要見古人 卽不可 諸人 要會麼 潙山一笑 將軍出塞 明招一笑 掃蕩煙塵

⊂⊃ 낭야각 선사가 대중에게 보이고 말하였다.

유구와 무구는 등이 나무에 의지한 것 같나니, 나무가 쓰러지고 등이 마르면 한 무더기의 땔감일 뿐이다.
(묘희 선사가 착어하였다.
"낭야 선사는 마치 도적을 자식으로 여기는 것과 같다. 그러나 그 은혜가 커서 보답하기 어렵느니라.")

瑯琊覺 示衆云 有句無句如藤倚樹 樹倒藤枯 好一堆爛柴(妙喜着語云 瑯琊 大似認賊爲子 雖然如是 恩大難酬)

☁ 낭야각 선사가 다시 상당하여 말하였다.

유구와 무구는 등이 나무에 의지한 것 같으니, 나무가 쓰러지고 등이 마른다 할 때 방망이를 맞았어야 좋았다. 그대들 말해 보라. 허물이 어디에 있는가?
(말없이 보이다가)
승요의 솜씨가 아니면 단청에 능하다는 말은 헛된 것이다.

又 上堂云 有句無句如藤倚樹 樹倒藤枯 恰好喫棒 儞道 過在什麽處 良久云 不是僧瑤手 徒說會丹青

☁ 양기회 선사가 대중에게 보이고 말하였다.

유구와 무구는 등이 나무에 의지한 것 같다 하니, 문수와 유마라면 손을 털고 돌아갔을 것이다. 나의 이런 말도 역시 붙들어 매는 말이다. 다시 다음 구절이 있으니, 잘못 이야기하지 말라.

揚岐會 示衆云 有句無句如藤倚樹 文殊維摩 撒手歸去 楊岐與麽道也是看錮鐴 更有後句 不得錯擧

☁ 황룡심 선사가 상당하여 말하였다.

유구와 무구는 등이 나무에 의지한 것 같다 한 것에 대해서는 여러분 마음대로 고개를 끄덕이지만 나무가 쓰러지고 등이 말랐다는 대목에 이르러서는 위로 하늘을 찌를 계교가 없고, 아래로는 땅으로 들어갈 꾀가 없으리라. 영리한 이가 이 속에서 외짝 눈을 얻었다고 하면 당장에 일곱 번 일어나 여덟 번 쓰러지는 꼴을 보리라.
(불자를 들고)
보아라. 태양이 눈앞에 가득하고 만 리에 조각구름 하나 없는데 동이를 엎는다면 어찌 산승을 괴이하게 여기리오.

黃龍心上堂云 有句無句如藤倚樹 且任諸人點頭 及乎樹倒藤枯 上無衝天之計 下無入地之謀 靈利漢 者裏 着得一隻眼 便見七縱八橫 乃擧拂子曰 看 大陽 溢目 萬里 不掛片雲 若是覆盆之下 又爭怪得山僧

☁ 원오근 선사가 말하였다.

내가 일찍이 오조연 선사에게 “유구와 무구는 등이 나무에 의지한 것 같다고 한 그 시절은 어떠합니까?” 물으니, 오조연 선사가 “묘사하려 해도 묘사되지 않고, 그리려 해도 그릴 수가 없느니라.” 하였다.

다시 “홀연히 나무가 쓰러지고 등이 마른 시절은 어떠합니까?” 하니, 오조연 선사가 “서로 따르느니라.” 하였다.

圜悟勤云 我嘗問五祖演 有句無句如藤倚樹時如何 祖曰 描也描不成 畫也畫不就 又問 忽遇樹倒藤枯時如何 祖曰 相隨來也

Ꮚ 운문고 선사가 상당하여 말하였다.

유구와 무구는 등이 나무에 의지한 것 같다 하니, 푸른 눈의 오랑캐도 귀결처를 모르리라. 말해보라. 귀결처가 어디인가?
(주장자를 번쩍 집어들고 대중을 부르면서)
봄을 보아라. 당장일 것이다. 순식간에 눈으로 봄과 하나이리라.
(주장자를 던지다.)

雲門杲 上堂云 有句無句如藤倚樹 碧眼胡兒 不知落處 且道 落在甚麽處 驀拈拄杖 召大衆云 看看 直下來也 急着眼覷 擲下拄杖

☁ 송원 선사의 문답

송원 선사가 상당하였는데, 어떤 선승이 물었다.

"유구와 무구는 등이 나무에 의지한 것 같다 하니, 어떠합니까?"

선사가 대답하였다.

"초에 담근 저울과 망치로다."

다시 물었다.

"나무가 쓰러지고 등이 마른 뜻은 또 무엇입니까?"

선사가 대답하였다.

"뼈를 바꾸고 창자를 씻은 뒤, 밤중에 홀로 걷느니라."

다시 물었다.

"위산 선사께서 크게 깔깔 웃은 것은 또 어떻게 알아야 하겠습니까?"

선사가 대답하였다.

"사람을 죽이는 칼이기도 하며, 사람을 살리는 칼이기도 하니라."

松源 上堂 僧問 有句無句如藤倚樹 如何 答云 秤槌蘸醋 進云 樹倒藤枯 又作麽生 答云 換骨洗腸 丹霄獨步 進云 潙山呵呵大笑 又且如何話會 答云 殺人刀活人劒

☁ 송원 선사가 다시 상당하여 말하였다.

유구와 무구는 등이 나무에 의지한 것 같다 하니, 맹팔랑[21]도 그렇게는 한다.
(선상을 두드리고)
소로소로로다.

又 上堂云 有句無句如藤倚樹 孟八郎漢 便恁麽去 乃拍禪床云 蘇嚕蘇嚕

21) 맹팔랑(孟八郎) : 시정잡배. 도리에 의해 행하지 않는 난폭한 망나니.

 대원 문재현은 이 칙을 모두 듣고 나서 이르노라.

이러니저러니 다 그만두고 위산 선사가 도오 선사의 밀침에도 관계하지 않음을 알겠는가?

대단함도 대단치 않음도 아니오나
강태공의 낚시에야 그 어찌 비하랴
시자야, 쾌청하니 산놀이 가자꾸나

358칙 불자를 일으켜 세우다

 본 칙

위산 선사가 대중에게 보이고 말하였다.

"행각하는 고사(高士)는 모름지기 소리와 빛 속에서 잠잘 수도, 소리와 빛 속에 앉기도, 눕기도 한다."

소산이 나서서 물었다.

"어떤 것이 빛과 소리에 떨어지지 않는 구절입니까?"

위산 선사가 불자를 일으켜 세우니, 소산이 말하였다.

"이는 빛과 소리에 떨어지는 구절입니다."

위산 선사가 그대로 방장으로 돌아갔다. 소산이 계합하지 못하고 하직을 고하자 향엄이 만류하며 말했다.

"어찌하여 머무르지 않습니까?"

이에 소산이 대답하였다.

"나는 화상과 인연이 없소이다."

향엄이 다시 물었다.

"무슨 일이 있었기에 인연이 맞지 않다 합니까? 말해 보십시오."

소산이 앞의 일을 이야기하니, 향엄이 말하였다.

"나도 할 말이 있습니다."

소산이 말하였다.

"뭐라 하시겠소?"

향엄이 말하였다.

"말을 하나 소리가 아니요, 빛 이전이라 물질이 아닙니다."

소산이 말하였다.

"원래 이 가운데 사람이었구나."

다시 향엄에게 부탁하였다.

"이 뒤에 스님이 자리를 잡으시면 찾아가 뵙겠습니다."

소산이 떠났다.

나중에 위산 선사가 향엄에게 물었다.

"빛과 소리의 화두를 물었던 난장이 스님은 어디에 있는가?"

향엄이 대답하였다.

"떠났습니다."

위산 선사가 말하였다.

"그와 이야기라도 나누어 봤는가?"

향엄이 대답하였다.

"제가 진작부터 상대했었습니다."

위산 선사가 말하였다.

"시험 삼아 말해 보라."

향엄이 말하였다.

"말을 하나 소리가 아니요, 빛 이전이라 물질이 아니라 하였습니다."

위산 선사가 물었다.

"그가 무엇이라 하던가?"

향엄이 말하였다.

"깊이 수긍하였습니다."

이에 위산 선사는 쓴 웃음을 터뜨리고 말하였다.

"나는 그 난장이가 장점도 있는 줄 알았더니, 원래 그 모양이었구나. 그 사람이 훗날 살 자리를 잡으면, 가까운 산엔 땔감이 없어지고, 가까운 개울에 마실 물조차 없으리라."

潙山 示衆云 行脚高士 直須向聲色裏睡眠 聲色裏坐臥 始得 踈山乃出問 如何是不落聲色句 師竪起拂子 山云 此是落聲色句 師歸方丈山 不契便辭 香嚴云 何不且住 山云 某甲 與和尙 無緣 嚴云 有何因緣 不契 試擧看 山 遂擧前話 嚴云 某甲 有箇語 山云 道什麽 嚴云言發 非聲 色前 不物 山云 元來此中 有人 乃囑嚴云 儞向後 有住處某甲 却來相見 遂去 後 潙山問 嚴云 問聲色話底矮闍梨在麽 嚴云已去也 師云 曾擧向子麽 嚴云 某甲 亦曾對他來 師云 試擧看 嚴云言發 非聲 色前 不物 師云 他道什麽 嚴云 深肯 師失笑云 我將謂這矮子 有長處 元來只在這裏 此子 向去 若有箇住處 近山無柴燒 近水無水喫

심문분 선사 송

없다 한들 없음인가, 특별한 바탕에 고요하고 선명함이여
있다 한들 있음인가, 분명 시작이 혼연히 한 가지일세
절정인 귀머거리와 절정인 벙어리가 아니라면
어떻게 대가의 깨달음의 작용이라 하랴

心聞賁 頌
無無特地成蕭洒
有有分明落混同
不是半聾兼半啞
如何作得大家公

 대원 문재현은 이 칙을 모두 듣고 나서 이르노라.

꿈중의 사람에게 꿈이라 해도 소용없고, 봉사의 세계에선 빛을 말해봤자네.

똥막대기에 대천도 흔적 없는데 저 눈산이여!

359칙 무심이 도이니라

 본 칙

위산 선사에게 어떤 선승이 물었다.

"어떤 것이 도입니까?"

선사가 말하였다.

"무심이 도이니라."

선승이 다시 물었다.

"저는 잘 모르겠습니다."

선사가 말하였다.

"어찌 알아 취하지 못하는가? 철저히 알지 못하는 데서 취하는 것이 좋겠다."

선승이 다시 물었다.

"어떤 것이 철저히 모르는 것입니까?"

선사가 말하였다.

"다만 이것이 너이니라. 다른 것이 아니니라."

선사가 또 말하였다.

"요새 사람이 당장에 철저히 모르는 것을 알기만 하면 바로 이것이 그의 부처요, 바로 이것이 그의 마음이건만 만일 밖을 향해 구해서 하나의 알음알이나 지식을 구하면서 그것을 선(禪)이라 한다면 교섭할 수가 없다.

똥덩이를 들이는 것이어서 똥덩이를 내어놓는 것이라고 하지 못하리니, 너의 마음밭을 더럽힌다면 도라고 할 수 없기 때문이니라."

潙山 因僧問 如何是道 師云 無心 是道 僧云 某甲 不會 師云 何不會取 不會底 好 僧云 如何是不會底 師云 秖是儞 不是別人 師又云 今時人 但直下 體會取不會底 正是儞佛 正是儞心 若向外求一知一解 將謂禪道 且沒交涉 名運糞入 不名運糞出 汚儞心田 所以不是道

☁ 법진일 선사가 이 칙을 들고 말하였다.

위산 선사의 그런 말도 역시 똥덩이나 들이는 짓이니, 마음밭이 어찌 더럽혀지지 않겠는가?

(주장자로 한 번 긋고)

그대들을 위해 내버렸다.

法眞一 拈 潙山與麽說話 亦是運糞入 心田 爭得不汚 師以拄杖一畫 云 與儞運出了也

ඏ 심문분 선사가 이 칙을 들고 말하였다.

위산 선사의 그런 말이야말로 똥덩이나 들이는 짓이요, 똥덩이를 내놓는 것이라 하지 못하리라. 만년이라면 "마음도 아니요, 부처도 아니라." 하리니, 철저히 알지 못하는 것마저 다시 알 것이 없다.

말해 보라. 똥덩이를 내놓아버린 것인가? 또한 이것은 정주에서 관청의 문을 나오는 것이니라.

心聞賁 拈 大潙恁麼說 正是運糞入 不名運糞出 萬年道 不是心不是佛 不會底 更不須會 且道 還運糞得出麼 也是鄭州 出曹門

 대원 문재현은 이 칙을 모두 듣고 나서 이르노라.

만약 나에게 그러한 질문을 했다면 "어떤 것이 도냐고 물었던가?" 되묻고, 그가 그렇다고 대답을 하려 할 때 "그게 바로 도이니라." 했을 것이다.

칠야의 어둠뿐인 한밤에
별들은 옹기종기 모였구나

무심이란 말 어디서 난 것인가
참으로 우습고 우습구나

야밤에 바람 이는 소리더니
버들가지 뺨을 스쳐 가누나

360칙 선상에서 내려와 차수하고 서다

 본 칙

위산 선사에게 어떤 선승이 물었다.
"어떤 것이 백장 선사님의 초상입니까?"
선사가 선상에서 내려와 차수하고 섰다. 선승이 다시 물었다.
"어떤 것이 화상의 초상입니까?"
선사는 다시 선상으로 올라가서 앉았다.

潙山 因僧問 如何是百丈眞 師下禪床叉手立 僧又問 如何是和尚眞 師復上禪床坐

◌ 법진일 선사 송

선사가 선상에서 내려와서 섬이여
신령한 부르짖음에 귀신이 함께 운다
선사가 선상에 올라가 앉음이여
용의 받침대에 범이 함께 눕는다
둘로 놓은 것을 한 망치로 쳐부수니
잡아 일으켜 쌍으로 파함일세

(다른 책에는 선승이 조주 선사에게 "어떤 것이 남전의 초상입니까?"라고 물었다고 되어 있다.)

法眞一 頌
師下禪床立
神號幷鬼泣
師上禪床坐
龍盤幷虎臥
一槌打與兩分張
拈起元來是雙破
(此錄 僧問趙州 如何是南泉眞)

◌ 송원 선사 송

백장은 고양이의 얼굴이요
위산은 귀신의 눈동자네
사람을 보면 공연히 웃고
만물을 희롱하나 이름도 모른다네

松源 頌
百丈狸奴面
潙山鬼眼睛
見人空解笑
弄物不知名

☁ 대홍은 선사가 이 칙을 들고 말하였다.

비슷하기는 하나 점안이 부족하다. 그때 선상을 번쩍 높이 들어 뒤집어버렸다면 서로 번갈아 바보가 되는 꼴은 면했을 것이니라.

大洪恩 拈 似卽似 猶欠點眼在 當時 便與掀倒禪床 免見遞相鈍置

 대원 문재현은 이 칙을 모두 듣고 나서 이르노라.

어진 말은 채찍 그림자만 보아도 천 리나 달린다 했다.

백장의 초상을 묻는다면
지체 없이 반문을 했을 걸세

일만 덕도 가져옴이 아닌데
이러한 말들이 하·하·하

차방에 시원한 차 있으니
우리 같이 차나 한잔 듭시다

361칙 판소리

 본 칙

위산 선사가 대중 울력을 하는데, 판[22)]소리가 나자, 어떤 선승이 깔깔대고 크게 웃으면서 돌아갔다.

위산 선사가 이를 보고 말하였다.

"묘하도다. 이것이 관음이 깨쳐 들어간 문이니라."

밤이 되자, 그 선승을 불러서 물었다.

"그대는 아까 무엇을 보았는가?"

선승이 말하였다.

"아침에 죽을 먹지 못했는데, 판소리를 듣고 기뻐했습니다."

"사람을 속이는구나!"

이에 경청 선사가 말하였다.

"그때의 위산에도 그런 선승 하나가 있었구나."

고산 선사가 말하였다.

"그때 위산에는 그런 선승이 하나도 없었구나."

---

22) 판 : 시각을 알리는 나뭇조각.

潙山 普請次 靜板鳴 有一僧拍手呵呵大笑歸去 師云 奇哉 此是觀音入理之門 至晚 問其僧 儞適來 見什麽道理 僧云 朝來未喫粥 聞板聲歡喜 師云 賺殺人 鏡淸云 當時潙山 有此一僧 鼓山云 當時潙山 無此一僧

☁ 원오근 선사가 이 칙을 들고 말하였다.

그 선승이 큰 소리를 크게 떨쳐 곧바로 천오백 선지식의 눈이 휘둥그레지게 했지만 자세히 감정하고 보니, 등이 뒤집어지고 힘줄이 튀어나오게 때렸어야 한다. 만일 위산 선사가 아니었더라면 어찌 땀 흘린 말의 공이 높은 줄 알았으랴.

나중에 "그런 선승 하나가 있었구나." 했으니 다만 하나의 반을 일렀고, "그런 선승이 하나도 없었구나." 했으니 역시 하나의 반을 일렀다.

오늘날 판소리, 종소리, 목어소리, 북소리가 한꺼번에 울리니, 누군가가 깔깔대고 손뼉을 친다면, 다만 그에게 "관세음보살이 오셨다."라고만 하리라.

圜悟勤 拈 這僧 洪音大振 直得一千五百人善知識 眼目定動 及乎勘證將來 却打介背翻筋斗 若不是潙山 爭見汗馬功高 後來道 有此一僧 只得一半 道無此一僧 只得一半 今日板聲鐘聲魚聲鼓聲 齊振 或有介拍手呵呵大笑 只向伊道 觀世音菩薩 來也

 대원 문재현은 이 칙을 모두 듣고 나서 이르노라.

참으로 허물없는 설법은 무정의 설법일세.

듣는 곳을 향하여서 비춰보게
비춰봄 그 자체가 이 뭐꼬니
관음이 깨달아 든 문일세

362칙 벽 바르기

 본 칙

위산 선사가 벽에 진흙을 바르는데, 이군용이 와서 관복을 입은 채 등 뒤에 대쪽같이 바르게 서있으니, 선사가 고개를 돌려서 보고, 얼른 흙받이를 기울여 흙 받는 시늉을 했다. 이군용이 곧바로 피리를 불어 가락을 맞추는 시늉을 하고 진흙을 올리는 시늉을 하였다.

이에 선사는 흙받이를 버리고 이군용과 함께 방장으로 돌아갔다.

潙山 泥壁次 因李軍容來 具公裳 直至師背後 端簡而立 師廻首見 便側泥盤 作接泥勢 軍容 便轉笏 作進泥勢 師便抛下泥盤 與軍容 歸方丈

🌣 암두 선사가 듣고 말하였다.

딱하구나! 불법이 쇠약해졌도다. 알량한 위산 선사가 벽칠하는 것조차 모르는구나!

嵓頭聞云 噫 佛法 澹薄也 大小潙山 泥壁也不了

ꩰ 명초 선사가 말하였다.

위산 선사가 그때 어떻게 했어야 암두 선사의 점검을 면할 수 있었겠는가.

흙받이를 내밀어 흙 받는 시늉을 하고서 버리고 돌아갔어야 하리라.

이군용을 대신하여 말하노라.

옛날의 고몽자[23]가 아직도 살아계시는군요.

明招云 潙山 當時 合作麼生 免被巖頭點檢 代 却轉泥盤 作取泥勢 便抛下歸去 又代軍容云 昔日 高蒙子猶在

---

23) 고몽자(高蒙子) : 진흙벽을 잘 발랐던 옛 사람.

 대원 문재현은 이 칙을 모두 듣고 나서 이르노라.

피리 부는 시늉할 때 춤을 추고
차 한 잔 나눴다면 좋았을 걸
그러나 참고하여 두게나

363칙 내가 그대들을 위했으니 밝게 깨달아라

본 칙

위산 선사가 법당에 올라갔더니, 어떤 선승이 나와서 말하였다.

“화상께서는 저희들을 위해 설법을 해 주십시오.”

이에 위산 선사가 말하였다.

“내가 그대들을 위했으니 밝게 깨달아라.”

선승이 곧바로 절을 했다.

나중에 설봉 선사가 말하였다.

“옛사람이 그토록 노파심이 간절했구나!”

현사 선사가 말하였다.

“산두 노장이 옛 사람의 일을 놓쳤구나.”

설봉 선사가 다시 현사 선사에게 물었다.

“어디가 노승이 옛 사람의 일을 놓친 곳인가?”

현사 선사가 대답하였다.

“알량한 위산 선사께서 그 선승의 한 물음을 받고는 당장에 백 조각이 났습니다.”

설봉 선사가 놀라며 그렇다고 여겼다.

潙山 陞堂次 有僧出云 請和尙 爲衆說法 師云 我爲汝得徹困也 僧便禮拜 雪峯云 古人 得恁麽老婆心切 玄沙云 山頭老和尙 蹉過古人事 峯 復問沙 什麽處是老僧蹉過古人事處 沙云 大小潙山 被那僧一問 直得百雜碎 峯 駭然

대홍은 선사가 이 칙을 들고 말하였다.

두 서너 노장이 비록 바람 따라 돛을 달 줄은 알았으나 물결 따라 파도 쫓음을 면하지는 못했구나.

大洪恩 拈 二三老宿 雖解看風使帆 要且不免隨波逐浪

 대원 문재현은 이 칙을 모두 듣고 나서 이르노라.

그때에 “설법이란 말도 있더냐?” 했어야 했다.

울긋불긋 꽃들이 다퉈 피니
봄놀이 오는 분도 많고 많네

삼천대천 그 이름 어디서 났나
참으로 우스워 죽겠는데

무등산봉 비구름 바삐 도니
광주분들 귀가를 서두르네

바로보인의 책들

① 바로보인 전등록 (전30권을 5권으로)

7불과 역대 조사의 말씀이 1,700공안으로 집대성되어 있는 선종 최고의 고전으로, 깨달음의 정수가 살아 숨쉬도록 새롭게 번역되었다.

464, 464, 472, 448, 432쪽.

각권 18,000원

② 바로보인 무문관

황룡 무문 혜개 선사가 저술한 공안집으로 『전등록』, 『선문염송』, 『벽암록』 등과 함께 손꼽히는 선문의 명저이다.

본칙 48개와 무문 선사의 평창과 송, 여기에 역저자인 대원 문재현 선사의 도움말과 시송으로 생명과 같은 선문의 진수를 맛보여 주고 있다.

272쪽. 12,000원

③ 바로보인 벽암록

설두 선사의 『설두송고』를 원오 극근 선사가 수행자에게 제창한 것이 벽암록이다.

이 책은 본칙과 설두 선사의 송, 대원 문재현 선사의 도움말과 시송으로 이루어져, 벽암록을 오늘에 맞게 바로 보이고 있다.

456쪽. 15,000원

④ 바로보인 천부경

우리 민족 최고(最古)의 경전 천부경을 깨달음의 책으로 새롭게 바로 보였다. 이 책에는 81권의 화엄경을 81자에 함축한 듯한 천부경과, 교화경, 치화경의 내용이 함께 담겨 있으며, 역저자인 대원 문재현 선사가 도움말, 토끼뿔, 거북털 등으로 손쉽게 닦아 증득하는 문을 열어놓고 있다.

432쪽. 15,000원

⑤ 바로보인 금강경

대원 문재현 선사의 『바로보인 금강경』은 국내 최초로 독창적인 과목을 내어 부처님과 수보리 존자의 대화 이면의 숨은 뜻을 드러내고, 자문과 시송으로 본문의 핵심을 꿰뚫어 밝혀, 금강경 전체를 손바닥 안의 겨자씨를 보듯 설파하고 있다.

488쪽. 15,000원

⑥ 세월을 북채로 세상을 북삼아

대원 문재현 선사의 선시가 담긴 선시화집 『세월을 북채로 세상을 북삼아』는 선과 시와 그림이 정상에서 만나 어우러진 한바탕이다. 선의 세계를 누리는 불가사의한 일상의 노래, 법열의 환희로 취한 어깨춤과 같은 선시가 생생하고 눈부시게 내면의 소리로 흐른다.

180쪽. 15,000원

⑦ 영원한현실

애매모호한 구석이 없이 밝고 명쾌하여, 너무도 분명함에 오히려 그 깊이를 헤아리기 어려운, 대원 문재현 선사의 주옥같은 법문을 모아 놓은 법문집이다.

400쪽. 15,000원

⑧ 바로보인 신심명

신심명은 양끝을 들어 양끝을 쓸어버리는, 72대치법으로 이루어진, 3조 승찬 대사의 게송이다.

이를 대원 문재현 선사가 바로 번역하는 것은 물론, 주해, 게송, 법문을 더해 통쾌하게 회통하고 자유자재 농한 것이 이 『바로보인 신심명』이다.

296쪽. 10,000원

⑨ 바로보인 환단고기 (전5권)

『바로보인 환단고기』 1권은 민족정신의 정수인 환단고기의 진리를 총정리하여 출간하였다.

2권에는 역사총론과 태초에서 배달국까지 역사가 실려있으며, 3권은 단군조선, 4권은 북부여에서부터 고려까지의 역사가 실려있다. 5권에는 역사를 증명하는 부록과 함께 환단고기 원문을 실었다.

264 · 368 · 264 · 352 · 344쪽. 각권 12,000원

⑩ 바로보인 선문염송 (전30권 중 8권)

선문염송은 1,454칙의 본 공안으로 이루어져 있는 세계최대의 공안집이다. 전 공안을 망라하다시피 했기에 불조의 법 쓰는 바를 손바닥 들여다보듯 하지 않고는 제대로 번역할 수 없다. 대원 문재현 선사는 전 공안을 바로 참구할 수 있게끔 번역하고 각 칙마다 일러보여 공안 참구의 길잡이 역할을 하였다.

352, 368, 344, 352, 360, 360, 400, 440쪽.
각권 15,000원

⑪ 앞뜰에 국화꽃 곱고 북산에 첫눈 희다

대원 문재현 선사의 선문답집으로 전강·경봉·숭산·묵산 선사와의 명쾌한 문답을 실었으며, 중앙일보의 <한국불교의 큰스님 선문답> 열 분의 기사와 기자의 질문에 대한 대원 문재현 선사의 별답을 함께 실었다.

200쪽. 5,000원

⑫ 바로보인 증도가

선종사에 사라지지 않을 발자취로 남은 영가 선사의 증도가를 대원 문재현 선사가 번역하고 법문과 송을 더하였다.

자비의 방편인 증도가의 말씀을 하나 하나 쳐가는 선사의 일갈이야말로 영가 선사의 본의중과 일치하여 부합하는 것이라 아니할 수 없다.

376쪽. 10,000원

⑬ 바로보인 반야심경

이 시대의 야부 선사, 대원 문재현 선사가 최초로 반야심경에 과목을 붙여 반야심경 내면에 흐르는 뜻을 밀밀하게 밝혀놓고 거침없는 송으로 들어보였다.

200쪽. 10,000원

⑭ 선(禪)을 묻는 그대에게 (전10권 중 2권)

대원 문재현 선사의 선수행에 대한 문답집. 깨달아 사무친 경지에 대한 밀밀한 점검과, 오후보림에 대한 구체적인 수행법 제시와, 최초의 무명과 우주생성의 원리까지 낱낱이 설한 법문이 담겨 있다.

280쪽, 272쪽. 각권 15,000원

⑮ 바로보인 선가귀감

선가귀감은 깨닫고 닦아가는 비법이 고스란히 전수되어 있는 선가의 거울이라 할 만하다. 더욱이 바로보인 선가귀감은 매 소절마다 대원 문재현 선사의 시송이 화살을 과녁에 적중시키듯 역대 조사와 서산대사의 의중을 꿰뚫어 보석처럼 빛나고 있다.

352쪽. 15,000원